Hartmann
Das Heilige Römische Reich deutscher Nation

Peter Claus Hartmann

Das Heilige Römische Reich deutscher Nation in der Neuzeit 1486–1806

Philipp Reclam jun. Stuttgart

RECLAMS UNIVERSAL-BIBLIOTHEK Nr. 17045
Alle Rechte vorbehalten
© 2005 Philipp Reclam jun. GmbH & Co., Stuttgart
Gesamtherstellung: Reclam, Ditzingen. Printed in Germany 2005
RECLAM, UNIVERSAL-BIBLIOTHEK und
RECLAMS UNIVERSAL-BIBLIOTHEK sind eingetragene Marken
der Philipp Reclam jun. GmbH & Co., Stuttgart
ISBN 3-15-017045-1

www.reclam.de

Inhalt

Einführung 7

I
Verfassung
15

1 Grundzüge der Verfassungsentwicklung 15
2 Grundlagen 36
3 Mitglieder des Reiches 48
4 Gemeinsame Institutionen 58

II
Gesellschaft und Wirtschaft
91

1 Adel 92
2 Geistlichkeit 96
3 Stadtbevölkerung 100
4 Landbevölkerung 104
5 Minderheiten 107
6 Wirtschaftsstruktur und -entwicklung 109
7 Bevölkerungszahlen und Konfessionsverhältnisse 113

III
Religion, fürstlicher Hof, Kultur
117

1 Von der religiösen Einheit zur Vielfalt 117
2 Kulturelle Blüte und Vielfalt 120
3 Konfessionell bestimmte Kulturen 122

4 Höfische Kultur 126
5 Bildungswesen, Wissenschaft und Literatur 129
6 Volkskultur 133

IV
Politische Entwicklung
135

1 Politik Maximilians I. 138
2 Kampf Karls V. gegen die Türken und Frankreich 139
3 Politische Entwicklung von 1555 bis 1618 141
4 Der Dreißigjährige Krieg 142
5 Die Zeit von 1648 bis 1789 147
6 Die Koalitionskriege und das Ende des Reiches .. 158

V
Schlussbetrachtung:
Würdigung des Alten Reiches und seiner Verfassung
163

Tabellen 167
Literatur in Auswahl 170
Nachwort und Dank 175
Register 176
Zum Autor 179

Einführung

Das Alte Reich bzw. das Heilige Römische Reich der Neuzeit, seit dem späten 15. Jahrhundert vielfach mit dem Zusatz »deutscher Nation« versehen, hatte in der Geschichtsschreibung und -wissenschaft des 19. Jahrhunderts und bis zur Mitte des 20. Jahrhunderts einen schlechten Ruf. Für die kleindeutsch-preußisch geprägten Historiker galt dieses stark föderalistische, militärisch sehr schwache Alte Reich mit wenig ausgeprägter Zentrale als zerrissenes, morsches, kaum lebensfähiges, anachronistisches, veraltetes und schwächliches Gebilde, das nach lockeren Staatenbünden (Rheinbund, Deutscher Bund) 1871 schließlich durch ein militärisch starkes, leistungsfähiges Kleindeutschland, d. h. die deutsche Nation unter preußischer Führung, ersetzt wurde. Der zeitweise populärste Berliner Geschichtsprofessor, Heinrich Treitschke, formulierte dies, typisch für die Zeit, folgendermaßen: »Aus dem Durcheinander verrotteter Reichsformen und unfertiger Territorien hob sich der junge preußische Staat empor. Von ihm ging fortan das politische Leben Deutschlands aus. [...] so hat die Monarchie der brandenburgisch-preußischen Marken der zerrissenen deutschen Nation wieder ein Vaterland geschaffen«.

Angesichts des vielen Unglücks, das der überspitzte Nationalismus, und nicht nur der deutsche, über Europa und die Welt mit all den Kriegen, Imperialismen, Unterdrückungs-, Diskriminierungs- und Vertreibungsmaßnahmen gebracht hat, wurde seit den 50er und 60er Jahren des 20. Jahrhunderts und verstärkt seit den 80er und 90er Jahren das Heilige Römische Reich vor allem für die Zeit nach dem Westfälischen Frieden wegen der funktionierenden Reichsfriedensordnung, der vielen Bestimmungen des konfessionellen Ausgleichs sowie der staatlichen und kulturellen Vielfalt wesentlich positiver beurteilt. Das Heilige

Die Reichskreise vom 16. bis zum 18. Jahrhundert
Institut für Geschichtliche Landeskunde, Mainz

Römische Reich wurde gerade in letzter Zeit als ein funktionierendes Mitteleuropa der Regionen gesehen, das durchaus in vielen Bereichen als ein Modell für ein gegenwärtiges und zukünftiges Europa der Regionen dienen könnte. Dies war vielleicht, ins andere Extrem verfallend, allzu optimistisch. Aber es gibt in der politischen Verfassung des Alten Reichs Ausgleichsmechanismen, eine konfessionelle, ethnische, sprachliche Vielfalt, damit zusammenhängende kulturelle Blüte und Diversität, wirtschaftliche Konkurrenz sowie regionale Strukturen, in denen das meiste nach dem Subsidiaritätsprinzip geregelt wurde, die einer genaueren Betrachtung nach wie vor Wert sind.

Der Name des Alten Reiches, dessen Beginn im hohen Mittelalter angesetzt wird, enthält die drei Bestandteile »Heilig«, »Römisch« und »Reich«. Sie deuten schon den Charakter des ungewöhnlichen, Jahrhunderte überdauernden und 1806 untergegangenen mitteleuropäischen Staatsgebildes an. Das Reich war nicht von Anfang an »heilig«. Vielmehr erhielt es den Beinamen »Heilig« oder *Sacrum Romanum Imperium* durch Kaiser Friedrich I. Barbarossa (1152–1190), wie Stefan Weinfurter nachweist. Der Staufer wollte dadurch die Unabhängigkeit vom Papsttum und das Gottesgnadentum des König- bzw. Kaisertums betonen.

Auch »Römisch« oder *Romanum* nannte man das aus dem Ostfrankenreich hervorgegangene »Deutsche« Reich nicht von Anfang an. Der Beiname tauchte erst nach einiger Zeit in Anlehnung an die Kaiserkrönung Karls des Großen im Jahr 800 auf, die ihrerseits an das antike weströmische Kaisertum anknüpfte. Bei der Krönung Ottos I., des Großen, 962 griff man dann direkt auf das Kaisertum Karls des Großen zurück. Trotzdem scheint, wie Weinfurter zeigt, erst bei den Saliern (1024–1125) der Titel »Römischer König« (*Rex Romanorum*) üblich geworden zu sein. Das »Römisch« wurde dann erst später auf das vom deutschen bzw. römischen König regierte Reich übertragen.

Ein »Reich« oder Imperium im eigentlichen Sinn, zu dem nach allgemeinem Verständnis eine bedeutende Macht gehört, stellte das Heilige Römische Reich während seiner viele Jahrhunderte dauernden Geschichte nur teilweise – in der Neuzeit und meist recht beschränkt – dar. Besonders in den letzten 150 Jahren seines Bestehens – bis es schließlich in den Jahren von 1792 bis 1806 schmählich unterging – kann man immer weniger von einem derartigen Imperium sprechen.

Bevor aber die Entwicklung des Reiches behandelt wird, soll erst noch auf den Zusatz »deutscher Nation« eingegangen werden. Er tauchte erstmals in einem Reichsgesetz von 1486 auf. Im 17. und 18. Jahrhundert bestand vielfach die Auffassung, dass diese Bezeichnung Ausdruck der Vorherrschaft der deutschen Nation im territorial gegenüber früheren Jahrhunderten stark verkleinerten universalchristlichen Reich sei. Gleichzeitig bedeutete er aber auch eine Anerkennung der seit dem 14. Jahrhundert entstandenen außerdeutschen »National«-Staaten wie Frankreich, England und Spanien. Das Reich war jedoch die ganze Epoche von 1486 bis 1806 kein moderner Nationalstaat.

Angesichts seiner stark föderativen Struktur ist für jede intensivere wissenschaftliche Beschäftigung mit dem neuzeitlichen Heiligen Römischen Reich eine enge Verknüpfung von Landes-, Regional- und Lokalgeschichte mit allgemeiner Reichsgeschichte von grundlegender Bedeutung. Das komplexe Reich, seine Verfassung, Gesellschaft, Wirtschaft, Religionsstruktur, Kultur und Politik sind sonst nicht zu verstehen und sinnvoll darzustellen.

In den hier zu behandelnden 320 Jahren veränderten sich Umfang und Grenzen des Heiligen Römischen Reiches stark. Dabei blieb immer das deutschsprachige Gebiet, d. h. im Wesentlichen das spätere kleindeutsche Reich und Österreich, der Kernraum. Während die Grenzen im Norden zum Herzogtum Schleswig, das vom dänischen König regiert wurde, und im Südosten des Reiches die ganzen Jahrhunderte hindurch die gleichen blieben, wurde das Heilige Römische Reich im Nordwesten, Westen und Südwesten zunehmend kleiner. Im Osten verlief demgegenüber die Grenze nach Polen und Ungarn während der 320 Jahre identisch, wobei Deutschungarn, das heutige Burgenland, nie zum Reich gehörte. Ähnliches gilt für die durch die polnischen Teilungen des späten 18. Jahrhunderts zu Preußen gekommenen Gebiete. Somit umfasste das Reich im Osten noch Pommern, Brandenburg mit der östlich der Oder liegenden Neumark, Schlesien, Mähren, Niederösterreich, die Steiermark und das Herzogtum Krain (heute Slowenien) und im Süden »Welschtirol« mit Trient.

Große Veränderungen gab es, wie gesagt, im Westen. Verlief bis etwa zur Mitte des 16. Jahrhunderts die Reichsgrenze westlich von Calais, von Arras, Sedan, die Westgrenze Lothringens zu Frankreich entlang und an der Grenze der Freigrafschaft Burgund zum französischen Nachbarland hin, so gehörten auch das Herzogtum Savoyen bis zur Saône und ein großer Teil der norditalienischen Territorien, wie die Herzogtümer Mailand, Parma, Mantua, Modena und das Großherzogtum Toskana, zum Heiligen Römischen Reich, das in der Folgezeit im Westen immer mehr Gebiete verlor. Zunächst fielen 1552 die drei Bistümer Metz, Verdun und Toul an Frankreich, was 1648 endgültig anerkannt wurde. Außerdem wuchsen die Schweizer Eidgenossenschaft und die vom spanischen König regierten nördlichen Niederlande immer mehr aus dem Reichsverband heraus und schieden völkerrechtlich 1648 definitiv aus. Die Freigrafschaft Burgund, schon 1618 und 1668 von Frankreich besetzt, wurde im Frieden von Nimwegen 1678 endgültig an das Bourbonenreich abgetreten, während der französische König das Elsass großenteils ab 1648 Frankreich einverleibte und schließlich 1681 als Letztes die freie Reichsstadt Straßburg eroberte.

Auch dem Herzogtum Lothringen blieb nicht das Los erspart, 1670 bis 1697 von den Truppen Ludwigs XIV. besetzt zu werden. Es blieb jedoch zunächst im Prinzip unabhängig und in lockerer Form Teil des Reiches.

Im Jahr 1735 erhielt dann der im Polnischen Erbfolgekrieg unterlegene König Stanislaus Leszczynski aufgrund der Bestimmungen des Vorfriedens von Wien die Herzogtümer Lothringen und Bar als Entschädigung für den Verzicht auf Polen. Dafür bekam der bisherige Landesherr Herzog Franz Stephan von Lothringen, der seit 1736 mit der Habsburgerin Maria Theresia vermählt war, das Großherzogtum Toskana. Da die einzige Tochter von Stanislaus die Gattin König Ludwigs XV. war, sah eine Klausel des zitierten Vertrags von 1735 vor, dass Lothringen und Bar nach dem Tod Leszczynskis an Frankreich fallen solle. Auf diese Weise wurde das noch bis 1766 formal zum Oberrheinischen Kreis gehörende Lothringen Teil Frankreichs und schied endgültig aus dem Reich aus. Durch die Eroberungen der revolutionären französischen Republik, die durch den Vertrag von Lunéville (1801) sanktioniert wurden, verleibte Frankreich dann alle Reichsgebiete links des Rheins in sein Staatsterritorium ein. Die ehemals aus vielen kleinen Reichsständen bestehenden linksrheinischen Lande wurden nun bis 1814 in Departements, wie z. B. Mont-Tonnerre mit der Hauptstadt Mainz, eingeteilt. Die Reichsgrenze war damals bis zum Rhein vorgeschoben.

Wenn man die Geschichte der Westgrenzen des Reiches zusammenfassend analysiert, so zeigt sich, dass sich diese Grenzlinie im Laufe der Jahrhunderte mehr und mehr nach Osten verschob und das Heilige Römische Reich auf diese Weise immer kleiner und damit weniger universell wurde. Es verlor nämlich zunehmend französischsprachige, 1801 auch deutschsprachige Teile. Trotzdem umfasste es auch noch nach 1648 neben Deutschland und Österreich Gebiete, die heute zu Polen, Tschechien, Slowenien,

Italien, Liechtenstein, zur Schweiz, zu Frankreich, Luxemburg und Belgien gehören. Es handelte sich somit nicht nur im 16. und 17., sondern auch noch im 18. Jahrhundert um eine Art Mitteleuropa der Regionen mit einer Bevölkerung verschiedener Ethnien und Sprachen.

Im Folgenden wird auf die Verfassung, dann auf die Gesellschaft, Wirtschaft und die religiöse Entwicklung, die Kirchen und Religionsgemeinschaften dieses locker zusammengehaltenen mitteleuropäischen Staatengebildes eingegangen. Diese Bereiche und historischen Strukturen bildeten gleichsam die Rahmenbedingungen für die Entwicklung von Kultur und Politik. Deshalb werden diese beiden historischen Gebiete nach Verfassung, Gesellschaft, Wirtschaft und Konfessionsstruktur behandelt.

Dieser bewusst knapp gehaltene Band soll vor allem einen orientierenden institutionengeschichtlichen Überblick über die Verfassung und Verfassungsgeschichte des Alten Reiches geben. Im zweiten Schritt werden summarisch Überblicke über die Gesellschafts-, Wirtschafts- und Kulturgeschichte sowie über die Ereignisgeschichte mit den Reichsinstitutionen kurz in Relation gesetzt. Eine umfassende Sozial- oder Kulturgeschichte ist damit keinesfalls intendiert, ebenso wenig ein sozialgeschichtlicher Blick aus der Perspektive der Beherrschten. Dieser würde andere Aspekte betonen, die hier auf kleinem Raum nicht dargestellt werden können.

Zunächst zur Verfassung! Da es sich bei dieser Verfassung des Alten Reichs, wie noch ausführlicher zu erläutern sein wird, um keine moderne Konstitution, sondern um eine sich immer weiterentwickelnde Gewohnheitsverfassung handelte, ist es sinnvoll, zunächst einmal die Grundzüge der Verfassungsentwicklung und dann erst die im Laufe der Jahrhunderte nach und nach entstandenen Grundgesetze zu analysieren.

I
Verfassung

1
Grundzüge der Verfassungsentwicklung

Im Gegensatz zu Frankreich wurden im Heiligen Römischen Reich in den hier zu behandelnden etwa 300 Jahren die Partikulargewalten immer stärker, während die Zentrale immer schwächer wurde. Das westliche Nachbarland kannte eine ganz andere Entwicklung. Dort wurde nämlich der Monarch nach dem Hundertjährigen Krieg (1337–1453) trotz vorübergehender Schwächung in den Religionskriegen (1562–1598) stärker und stärker – bis hin zum »Absolutismus« eines Ludwig XIV. –, und der Staat nahm gleichzeitig eine zunehmend zentralistische Gestalt an, um schließlich in der Revolutions- und Napoleonzeit im straffen Zentralstaat seine Vollendung zu finden. Im Reich hatte der Kaiser Ende des 15. und Anfang des 16. Jahrhunderts trotz Landesherrschaft der Territorien immerhin noch eine wichtige Machtposition, so dass wahrscheinlich eine Entwicklung wie in Frankreich möglich gewesen wäre. Eventuelle Weichenstellungen in diese Richtung hätten Karls V. Sieg über die Schmalkaldener in der Schlacht bei Mühlberg an der Saale oder zu Zeiten Ferdinands II., wie wir sehen werden, die Schlacht am Weißen Berg 1620, das Restitutionsedikt von 1629 und vor allem auch der Sieg bei Nördlingen 1634 und der Prager Friede von 1635 sein können. Aber die Entwicklung verlief zu Gunsten der Partikulargewalten. Schon im Spätmittelalter hatte sich im Heiligen Römischen Reich die Landesherrschaft der Fürsten, vieler Bischöfe und verschiedener

Stadtmagistrate herausgebildet. Die Fürsten und Fürstbischöfe besaßen nun ein großes Interesse, ihre regionale Machtposition in der Reichsreformbewegung des 15. Jahrhunderts zu stärken. Den Fürsten kam dann der Ausbruch der Reformation Martin Luthers 1517 zugute. Gerade die Interessenverknüpfung von Reichsreformbestrebungen und Reformation sowie die dadurch erfolgte enge Verbindung der geistlich-religiösen mit der verfassungsrechtlichen Reformbewegung verhalf nämlich beiden, so zeigt Heinz Angermeier, zum Durchbruch.

Dadurch wurde das auf Universalität und Glaubenseinheit angelegte Kaisertum Karls V. entscheidend geschwächt. Durch den Passauer Vertrag von 1552 und den Augsburger Religionsfrieden von 1555 verlagerte sich nämlich die Entscheidung über die Konfession von der Reichs- auf die Territorial- oder Reichsstadtebene. Dies bedeutete eine entscheidende Stärkung der Partikulargewalten und eine Schwächung des Kaisertums. Trotz aller Bemühungen der späteren Reichsoberhäupter, die Zügel des Gesamtreiches wieder straffer in die Hand zu bekommen, blieb die durch konfessionelle Gegensätze noch verstärkte Macht der Territorien bei relativ ausgeprägter Unabhängigkeit groß. Im Verlauf des Dreißigjährigen Krieges (1618–1648) verschob sich je nach aktueller militärischer Lage und Machtposition das Gewicht zu Gunsten des Kaisers oder der Reichsstände. Schließlich entstand durch die Bestimmungen des Westfälischen Friedens von 1648 eine Verfassungssituation, in welcher in einem konföderativen Reichsgebilde relativ starke Partikulargewalten einem Reichsoberhaupt mit recht eingeschränkter Funktion gegenüberstanden. In den Quellen besonders des 18. Jahrhunderts wurde dies ausgedrückt durch die Formel »Kaiser und Reich«. Als »Reich« wurde dabei die Gesamtheit der auf dem Reichstag vertretenen Reichsstände angesehen, die in Reichskreise zusammengefasst waren. Dieses Reich mit seiner lockeren konföderativen Struktur und seinem Kaisertum mit wenig Kompetenzen stellte vor allem einen Raum mit einer allgemein gültigen, durch die höchsten Reichsgerichte und den Reichstag gewährleisteten Rechtsordnung dar, ein Mitteleuropa der Regionen, in dem im Allgemeinen eine Reichsfriedensordnung galt und in der bei allen Ausnahmen doch im Wesentlichen der Grundsatz »Recht vor Macht« im Gegensatz zur Umbruchzeit der Revolutionskriege und Napoleons hochgehalten wurde. Wenn auch die großen Territorien, vor allem Brandenburg-Preußen und Österreich, besonders seit 1740 weitgehend aus dem Reich hinauswuchsen, galt diese Ordnung für weite Teile des Reiches, bis zu den Revolutionskriegen.

Da Angermeier, der Verfasser des grundlegenden Buches über die Reichsreform von 1410 bis 1555, den Frankfurter Reichstag von 1486 als die tiefste Zäsur in der Geschichte dieser Reform bezeichnet, wird hier mit 1486 begonnen und nicht mit 1495, wie das in anderen einschlägigen Studien oft geschieht.

Die Reichsreform von 1486 bis 1512

Wenn es auch schon vorher Reichsreformbestrebungen und entsprechende Programme, etwa das Kaiser Sigmunds (1411/33–1437), gegeben hatte, so markierte der 1486 abgehaltene Reichstag von Frankfurt »vielleicht die tiefste Zäsur in der Geschichte der Reichsreform« (Angermeier). Diese wurde nämlich seit 1486 »unabwendbar und notwendig« und »in ihren Formen fixiert«. Von nun an war sie Bedingung der Politik geworden und »war mit dem Fortbestehen des Reiches verbunden und blieb es in der Folgezeit«. Angermeier weist mit Recht darauf hin, dass mit dem 1486 an das Kammergericht geknüpften Fehdeverbot die »Institutionalisierung der Reichsgewalt unwiderruflich« gewesen sei. Wenn auch die Reichsstände 1486 auf dem

Reichstag dem noch zu Lebzeiten des Vaters zum Römischen König gewählten Maximilian I. (1486/93–1519) verfassungspolitische Forderungen vortrugen, hat dieser von sich aus ebenfalls die Reichsreform vorangetrieben. Diese Verfassungsreform kam damals nicht durch theoretische Konzeptionen, sondern »aus konkreten verteidigungspolitischen Anlässen ins Rollen«. Nachdem sein Vater, Kaiser Friedrich III. (1440/52–1493), angesichts der Sicherheitsprobleme im Reich einen Landfrieden für zehn Jahre erlassen hatte, schlug Maximilian I. schon 1486 vor, das Reich in Kreise zu organisieren. Auch auf dem Reichstag von Nürnberg 1491 präsentierte der Römische König dann ähnliche Projekte, verfolgte aber wie 1486 Tendenzen, die Stellung des monarchischen Reichsoberhauptes und eine Exekution durch Kreise zu stärken, die von prohabsburgischen Hauptleuten geleitet werden sollten. Deshalb stieß er in diesen Jahren auf den Widerstand der Reichsstände. Diese wollten nämlich unter der Führung des Mainzer Kurfürsten Berthold von Henneberg (1484–1504) die Reichsreform in ihrem Sinne und unter Schwächung der Königsgewalt vorantreiben. Diese Bemühungen erreichten ihren Höhepunkt auf dem Reichstag von Worms 1495, der für die Reichsreformbewegung einen wichtigen Neubeginn, aber auch viele unfertige Lösungen brachte. Damals verkündete der Reichstag am 7. August den Ewigen Landfrieden, der bis zum Ende des Heiligen Römischen Reiches in Kraft blieb und das staatliche Gewaltmonopol der Territorialstaaten bzw. des Reiches festlegte, wenn diese Staaten untereinander Konflikte hatten. Ferner erließ man 1495 eine Ordnung für das Reichskammergericht, das man vom bisher schon bestehenden königlichen Kammergericht in ein königlich-ständisches Reichsgericht umwandelte. Dieses Reichskammergericht wurde allerdings erst 1527 fest etabliert. Kurfürst Berthold von Mainz betrieb außerdem die Einführung des Gemeinen Pfennigs als allgemeine Reichssteuer zur Finanzierung dieses Gerichts und als

Reichsbeihilfe zur Verteidigung gegen die Türken im Osten und die Franzosen im Westen. Allerdings war der Gemeine Pfennig »weitgehend ein finanzieller Misserfolg« (Peter Schmid). Schließlich forderten damals die Stände, zunächst ohne Konsequenz, ein Reichsregiment zu schaffen und das Reich in Kreise einzuteilen, welche die Vertreter dieses Regiments zu wählen hätten. So blieb vieles bei den Reformversuchen von 1495 Stückwerk, gleichzeitig wurden jedoch auch wichtige Impulse für die weitere Entwicklung der Reichsinstitutionen gesetzt.

Diese wurden auf dem Augsburger Reichstag von 1500 wieder ein paar Schritte vorangebracht, denn die Reichsversammlung schuf damals sechs Reichskreise (Franken, Schwaben, Bayern, Oberrhein, Niederrhein-Westfalen und Sachsen). Außerdem beschloss sie, ein Reichsregiment zu errichten, d. h. eine ständische Mitregierung im Reich. Am 2. Juli 1500 billigte der Reichstag sodann eine Ordnung dieses Regiments, das demnach unter dem Vorsitz des Kaisers oder seines Vertreters und aus 20 Mitgliedern bestand, und zwar aus sechs Kurfürsten, je einem geistlichen und weltlichen Reichsfürsten, außerdem aus je einem Vertreter der österreichischen und burgundischen Territorien, je einem der Prälaten, Grafen und zwei Repräsentanten der Reichsstädte sowie je einem Vertreter der sechs Reichskreise. Diese Regimentsentwicklung war »auch Reflex und Antwort auf den von Maximilian selbständig eingesetzten Reichshofrat« (Angermeier). Der Kampf des Kaisers und der Reichsstände um die Reichsreform nahm demnach seit der Hofratsgründung von 1498 einen persönlichen Charakter an. Entgegen der früheren Forschungsmeinung sieht Angermeier in der Aufrichtung des Reichsregiments keinen »vollständigen Sieg der Stände«. Da dieses Regiment nicht über eigene Einnahmen und Machtmittel verfügte, war es letztlich erfolglos und löste sich schon 1502 wieder auf. So blieb für die weitere Verfassungsentwicklung die Kreiseinführung die zukunftsträchtigste Maßnahme. Allerdings brachte erst der 1512 nach Trier einberufene und Ende Juni des gleichen Jahres in die Reichsstadt Köln verlegte Reichstag die endgültige Ausformung der nun zehn Reichskreise, wie sie im Prinzip bis zum Ende des Reiches existierten (vgl. S. 80–84).

Nicht berücksichtigt wurden bei der Kreiseinteilung die (Reichs-)Ritterterritorien und ferner die schon weitgehend aus dem Reich herausgewachsenen eidgenössischen Gebiete, außerdem Böhmen, Mähren, die Lausitzen und Schlesien sowie die noch locker zum Reichslehensverband gehörenden Teile Norditaliens. Wenn es sich bei dieser Kreiseinteilung auch um die »wichtigste und zukunftsträchtigste Neuerung des Reichstages von 1512« (Angermeier) handelte, so ist die Reichskreisordnung von 1512 zunächst nicht wirklich in Kraft getreten. Allerdings konnten sich in den folgenden Jahrzehnten bis 1555 daraus allmählich wichtige Reichsinstitutionen herausbilden.

Die Entwicklung von 1512 bis 1555

Obwohl die Reichsreform von 1486 an »ein gutes Stück« vorangekommen war, blieb in der Regierungszeit Maximilians I. bis 1518 vieles unentschieden. Von großer Bedeutung für die Entwicklung der Reichsverfassung war dann der durch das Auftreten Martin Luthers bekannte Reichstag von Worms, der 1521 stattfand. Dort beschloss man am 26. Mai 1521 eine Ordnung für das Reichskammergericht, die festlegte, dass neben den Richtern, die vom Kaiser, den Kurfürsten, den Grafen und Herren zu wählen waren, die sechs alten Reichskreise von 1500 jeweils einen Beisitzer für dieses höchste Gericht bestimmen sollten. Unter gewissen Umständen wurde außerdem den Reichskreisen die Exekution der Reichsgerichtsurteile übertragen. Sehr wichtig für die weitere Entwicklung des Reichssystems war auch die 1521 beschlossene Wormser Matrikel. Dort wurden im Einzelnen die Quoten festgelegt, die jeder Reichsstand als Simplum (einfache Stärke des Truppenkontingents bzw. der einfache Steuersatz) für das Reichsheer bzw. die Reichssteuern (»Römermonate«) für dieses Heer zu zahlen hatte. Ferner wurden die Quoten für die Unterhaltung des Reichskammergerichts und des 1521 geschaffenen zweiten Reichsregiments bestimmt. Dieses Regiment bildete einen gewissen Markstein für die weitere Entwicklung der Verfassung, etwa für die der Reichskreise. In der am 10. Februar 1522 erlassenen Exekutivordnung dieses Reichsregiments wurde nämlich vorgeschrieben, jeder Reichskreis solle einen Hauptmann und vier zugeordnete Räte wählen und »dieser neuen Exekutivbehörde von Reichs wegen in Landfriedens- und Exekutionssachen Hilfestellung leisten«. Das Reichsregiment blieb letztlich eine Institution Kaiser Karls V. und konnte keine eigenständige ständische Position in der Reichsverfassung und in der Regierung des Reiches erringen, so dass es sich 1530 bei der Rückkehr Karls V. ins Reich auflöste. Schon vorher hatte der Reichstag zu Speyer von 1529 eine schwere Krise der Reichsverfassung ausgelöst. Damals protestierte nämlich die Minderheit der neugläubigen Reichsstände gegen den Mehrheitsbeschluss des Reichstages. Dieser besagte, dass die schon laufenden kirchlichen Neuerungen bis zu einem Konzil, das der Kaiser in Aussicht stellte, nicht fortgesetzt werden dürften, dass man auch in den evangelischen Gebieten die Feier der katholischen Messe wieder zulassen und die altgläubige Jurisdiktion hinnehmen müsse. Die »Protestation« der später »Protestanten« genannten Minderheit dokumentierte nicht nur die Kirchenspaltung, sondern hatte auch für das Reich schwer wiegende Folgen. Es wurde nämlich der Grundsatz vertreten, dass ohne Rücksicht auf eine obrigkeitlich garantierte, durch Mehrheitsbeschluss herbeigeführte Einheit der Widerstand gegen das Reichsoberhaupt aus religiösen Gründen gestattet sei. Die Konsequenz war, so schreibt Angermeier, dass »die religiöse Parteiung im Reich auch die friedensstiftende Einheit des Reiches aufheben durfte, daß es ferner ein an Staatlichkeit gebundenes Bündnisverbot nicht mehr gab [...]. So wurde also auch die Reichsverteidigung noch unter die Bedingung religiöser Selbständigkeit, religiöser Vorbehalte und religiöser Erpressung gestellt.« Es konnte demnach auch »keine einheitliche Rechtsprechung, keine verbindliche Gerichtsbarkeit« mehr geben.

Wenn auch die Bemühungen Karls V. scheiterten, beim Augsburger Reichstag von 1530 die religiöse Einheit des Reiches wieder herzustellen, erzielte man beim Ausbau der Reichsverfassung doch manche bedeutende Fortschritte. So schuf man eine Reichspolizeiordnung, kam »bei den Verhandlungen über das neue Reichsstrafrecht und die Halsgerichtsordnung« voran, behielt die Gliederung des Reichsheeres nach Reichskreisen bei, verbesserte die Kammergerichtsordnung und erhöhte die Zahl der Beisitzer dieses Gerichts, regelte Fragen der Münzordnung und verbesserte die Reichsmatrikel. In jedem Fall wurden die Reichskreise durch Zuweisung neuer Aufgabenbereiche aktiviert.

Durch die Religionsspaltung und den von den Protestanten geschlossenen Bund von Schmalkalden im Jahr 1531, durch ihr Beharren auf ihrem Widerstandsrecht gegen das Reichsoberhaupt und die von ihnen beanspruchte »Religionskompetenz der Territorialgewalt über ihre Untertanen« bei gleichzeitiger Bestreitung der Religionskompetenz des Reiches wurde die Verfassung dieses Reiches stark verändert. Da es »als Ganzes funktionsuntüchtig« wurde, konnte wegen der Religionsfrage »auch die Reichsreform nicht mehr gemeinsam von Kaiser und Ständen fortentwickelt werden« (Angermeier). Trotzdem gab es in Teilbereichen Fortschritte, etwa bei den Funktionen der Reichskreise, deren Aufgaben (Türkenhilfe, Münzwesen) auf dem Regensburger Reichstag von 1541 präzisiert und ausgeweitet wurden. Auch der Augsburger Reichstag von 1550/51 wies den Reichskreisen die Kompetenz zu, das Reichsmünzwesen zu regeln. Ferner erarbeitete der General-Kreis-Konvent von 1554 in Frankfurt die Beratungsgrundlage für die Exekutionsordnung von 1555. Den wirklichen Durchbruch und die entscheidende Weiterentwicklung erreichte dann der Augsburger Reichstag.

Augsburger Reichstag und Religionsfrieden von 1555

Der 1555 in Augsburg stattfindende Reichstag brachte nicht nur mit dem Religionsfrieden einen zentralen konfessionellen Einschnitt in der Verfassungsentwicklung des Alten Reiches, sondern auch mit den anderen Beschlüssen eine wichtige institutionelle Grundlage der Reichsverfassung. Zunächst sei auf die Institutionen eingegangen, denn 1555 kam die im Spätmittelalter begonnene und über all die Jahrzehnte betriebene Reichsreform zum Abschluss. Hier, besonders bei der beschlossenen Exekutionsordnung, wurden nicht mehr rückgängig zu machende Weichenstellungen vorgenommen. Sie bedeuteten nämlich die »verfassungsmäßige Schwächung der monarchischen Reichsgewalt« und gleichzeitig die Verankerung des reichsständisch-libertären Prinzips sowie die »volle Föderalisierung des Reiches«. Außerdem wurde eine Entwicklung festgeschrieben, durch die das Reich, ohne wirklich effiziente Wehr- und Kriegsordnung, im Gegensatz zu anderen europäischen Staaten nicht zu einem politischen Machtstaat wurde und werden wollte, sondern zu einem »Friedens- und Verteidigungsverband eigenständiger Mitglieder« (Angermeier). Wurde das Kaisertum letztlich aus der friedensrechtlichen Exekutionsgewalt ausgeschaltet, so machte man jetzt 1555 die Reichskreise »zu selbständigen Trägern wichtiger Reichsaufgaben« (Hermann Conrad). Aufgrund der 1555 geschaffenen Ordnung bekamen die Reichskreise neben den bisherigen Kompetenzen wie Sicherung des allgemeinen Landfriedens, der Vollstreckung der Urteile des Reichskammergerichts, der Wahl der Beisitzer dieses Gerichts und der grundsätzlichen Regelung des Münzwesens viele neue, zusätzliche Aufgaben (vgl. S. 81f.).

Wichtig für die weitere Reichsgeschichte war, dass man 1555 im Gegensatz zum Mittelalter die »Verbindlichkeit des Rechts« durchsetzte und den Reichstag zu »einer autoritativen Repräsentation des Reiches« reduzierte. »Daß diese vereinheitlichende, rechtsbildende und machtschaffende Wirkung der Reichsreform«, so schreibt Angermeier, »schließlich auch noch in der libertär-ständischen Version erzielt werden konnte, muß aber sowohl unter dem deutschen wie auch unter einem europäischen Aspekt als ein bemerkenswerter Vorgang bezeichnet werden«.

Von großer verfassungsgeschichtlicher Bedeutung war auch der am 25. September 1555 auf dem Augsburger Reichstag verkündete Religionsfrieden, der das Reich von einer religiösen, die Legitimation und Autorität des Kaisers betonenden Gemeinschaft zu einer politischen Gemeinschaft umwandelte. Das von Karl V. repräsentierte universale Kaisertum, das die Einheit des westlichen Christentums neben dem Papsttum verkörperte, ging damals zu Ende. Der Kaiser musste nämlich die Idee aufgeben, die Religionseinheit im Reich wiederherzustellen. Vielmehr erhielten jetzt offiziell die Landesherren das Recht, die Konfession ihrer Untertanen zu bestimmen. Dieses Recht wurde später in die berühmte Formel gegossen *cuius regio, eius religio* (›wessen Herrschaft, dessen Religion‹). Von Bedeutung war ferner, dass die geistliche Jurisdiktion in protestantischen Gebieten an die Landesherren überging, wodurch sie eine Art geistliches Oberhaupt ihrer Staaten wurden.

Außerdem legte der Reichstag das *reservatum ecclesiasticum*, d. h. den geistlichen Vorbehalt, fest, wonach geistliche Reichsstände – Erzbischöfe, Fürstbischöfe, Reichsäbte und -pröpste – katholisch bleiben mussten und deshalb bei Konversion zum protestantischen Glauben ihre Reichsterritorien verlieren sollten. Allerdings beließ man dort den Landständen die freie Bekenntniswahl. Weitere Bestimmungen waren die Möglichkeit paritätischer Verfassung von Reichsständen, die Anerkennung der vor dem Passauer Vertrag von 1552 durchgeführten Säkularisation von Klöstern und Stiften, die Auswanderung von Untertanen aus religiösen Gründen nach Verkauf des Besitzes und die Wahl neugläubiger Richter in das Reichskammergericht. Dieser für Katholiken und Lutheraner gültige Religionsfrieden erhärtete die Glaubensspaltung und führte zur Konfessionalisierung im Reich. Folge davon war, dass man zwar vieles, was 1555 beschlossen wurde, allmählich verwirklichte, dass aber die Reichsinstitutionen mehr und mehr wegen des Konfessionskonflikts blockiert wurden.

Konfessionalisierung und Dreißigjähriger Krieg

Die 1555 beschlossenen Ordnungen wurden zwar langsam, aber doch schließlich relativ erfolgreich umgesetzt. Dies galt besonders für die dort festgelegten zunehmenden Funktionen der Reichskreise. Dafür sorgten die Reichstage von 1557 bis 1570. Auch der Religionsfriede von 1555 schien in den Regierungszeiten Ferdinands I. (1556–1564) und Maximilians II. (1564–1576) in der Tat befriedend zu wirken. Ebenso entwickelten sich die beiden höchsten Reichsgerichte zu anerkannten, wirksamen Institutionen der Reichsjustiz. Wenn auch die konfessionellen Parteiungen jeweils ihre Beschwerden gegen die andere Seite vorbrachten und wenn auch Kaiser Maximilian II. versuchte, die Kalvinisten als 1555 nicht anerkannte Konfession auszugrenzen, so blieb doch bis Anfang der 80er Jahre des 16. Jahrhunderts das Reich weitgehend ohne kriegerische Konflikte. Streit gab es allerdings schon wegen des Geistlichen Vorbehalts und der *Declaratio Ferdinandea*.

Gleichzeitig vollzog sich die Konfessionalisierung, d. h. die Verfestigung und bekenntnismäßige Abschließung von Luthertum, Kalvinismus und Katholizismus.

Die zunehmende Konfessionalisierung der Reichsterritorien, die auch zur Sozialdisziplinierung von deren Untertanen eingesetzt wurde und zur Herausbildung frühmoderner Staatsformen bei den größeren Territorien entscheidend beitrug, brachte dem Reich und seinem Verfassungssystem viele schwer wiegende Probleme. Die religionsbestimmten Spannungen nahmen nämlich so stark zu, dass das Reich und seine zentralen Institutionen ihre über den Konfessionen stehenden Schlichtungs- und Schiedsrichterfunktionen immer weniger effektiv ausüben konnten. Ende des 16. Jahrhunderts führten schließlich »die zunehmenden konfessionspolitischen Auseinandersetzungen zu einer Lähmung der Reichsinstitutionen« (Helmut Neuhaus). Diese Entwicklung eskalierte Anfang des 17. Jahrhunderts weiter. Während die Rechtsprechung des Reichskammergerichts schon ab 1588 praktisch blockiert war, erkannten die Protestanten den vom katholischen Kaiser beherrschten Reichshofrat immer weniger an. Gleichzeitig spalteten sich das Kurkolleg und die Reichskreise immer mehr in konfessionelle Parteiungen auf. Außerdem scheiterte der Reichsdeputationstag von 1601 wegen dieser unüberbrückbaren Spannungen.

Eine weitere Etappe für die völlige Blockade des Reichssystems stellte die von Kaiser Rudolf II. angeordnete Reichsexekution gegen die mehrheitlich evangelische Reichsstadt Donauwörth zum Schutz der dortigen katholischen Minderheit dar. Es war zwar nach Reichsrecht nicht völlig ausgeschlossen, einen Fürsten des Nachbarkreises mit einer Exekution zu betrauen, aber sehr ungewöhnlich und deshalb höchst umstritten. Die Exekution der Reichsstadt des Schwäbischen Kreises übernahm nämlich der Kreishauptmann und Kreisausschreibende Fürst des Bayerischen Kreises, der katholische Herzog Maximilian I. Diese Aktion musste die Protestanten zutiefst verärgern und verletzen. Daher wurden die Spannungen im Reich so groß, dass 1608 der Reichstag in Regensburg ohne Einigung und damit ohne Reichsabschied auseinander ging, denn die kalvinistische Kurpfalz und andere protestantische Stände hatten am 27. April demonstrativ den Reichstag verlassen. Der pfälzische Kurfürst leitete nämlich damals eine kämpferische, mehrheitlich kalvinistische »Aktionspartei«, wie Moriz Ritter sie formuliert.

Damit war ein Konsens der Konfessionsparteiungen nicht mehr gegeben, das ganze Reichssystem handlungsunfähig und der allgemeine Reichsschutz aller anscheinend nicht mehr gewährleistet. Deshalb gründeten sechs protestantische Fürsten zu ihrer eigenen Sicherheit 1608 die protestantische Union. Später schlossen sich weitere Reichsfürsten und Reichsstädte an. Allerdings blieben Kursachsen und die norddeutschen Fürsten dieser als »Selbsthilfeorganisation« (Neuhaus) konzipierten Union fern.

Als Folge und Antwort auf die Sprengung des Reichstages und die Gründung der protestantischen Union schlossen sich katholische Reichsstände am 10. Juli 1609 in München zur katholischen Liga zusammen. Sie wollte die Reichsverfassung aufrechterhalten und das weitgehend katholische Übergewicht des Heiligen Römischen Reiches auch in Zukunft sichern.

Diese Gegensätze führten zur Pflege »konfessioneller und verfassungspolitischer Schreckbilder« (Gotthard) der jeweiligen anderen Seite. So wurden Kompromisse unmöglich und die Reichsorgane weitgehend blockiert. Diese Handlungsunfähigkeit des Reichssystems, d. h. diese schwer wiegende Verfassungskrise, stürzte dann das Reich in den großen Krieg. Dabei wurde die Auflehnung der protestantischen Landstände in Prag gegen den Habsburger König Ferdinand II., dessen Absetzung und die

Wahl Friedrichs V., des Oberhauptes der protestantischen Union, zum Auslöser. Immerhin verlief trotz Konfessionsspaltung und beginnendem Krieg die Kaiserwahl Ferdinands II. am 19. August 1619 in den herkömmlichen verfassungsmäßigen Bahnen. Nicht nur die drei geistlichen Kurfürsten, sondern auch das lutherische, gemäßigtere Kursachsen und der brandenburgische Kurfürst Georg Wilhelm – wohl wegen der Anwartschaft auf das Herzogtum Jägerndorf – wählten Ferdinand II. zum Reichsoberhaupt. Der neue Kaiser versuchte dann angesichts der großen militärischen Erfolge der kaiserlichen und katholischen Seite, die Verfassung des Reiches noch ein letztes Mal zu Gunsten der Zentrale und des Reichsoberhauptes auf Kosten der Partikulargewalten umzuformen.

Schon im Januar 1621 ächtete er den pfälzischen Kurfürsten und böhmischen König Friedrich V. wegen Landfriedensbruch und übertrug trotz starker Widerstände im Kurkolleg und bei den Reichsfürsten aus kaiserlicher Machtvollkommenheit im September 1621 geheim und am 25. Februar 1623 auf dem Regensburger Deputationstag offiziell die Kurwürde an Maximilian I. von Bayern. Ein weiterer Schritt, getragen von kaiserlichem Machtanspruch, war das von Ferdinand II. am 6. März 1629 verkündete Restitutionsedikt, immerhin das erste kaiserliche Edikt seit dem Wormser von 1521 gegen Martin Luther. Dieser letzte bedeutende Gesetzgebungsakt eines Kaisers im Heiligen Römischen Reich (1629) verlangte die strenge Durchführung der Bestimmungen des Augsburger Religionsfriedens im Sinne der katholischen Interpretation. Demnach waren alle seit dem Passauer Vertrag von 1552 von den neugläubigen Landesherren säkularisierten reichsunmittelbaren Erz- und Hochstifte, die etwa 500 mittelbaren Bistümer, Prälatenklöster, Hospitalien sowie andere geistliche Stiftungen und Güter an die katholische Kirche zurückzugeben. Dies hätte nicht nur eine gewaltige Besitzumstrukturierung, sondern auch die Katholisie-

Grundzüge der Verfassungsentwicklung

rung weiter neugläubiger Gebiete – vor allem auch in Norddeutschland – bedeutet und gleichzeitig eine erhebliche Stärkung der Position des Kaisers und des Hauses Habsburg. Dagegen bildete sich jedoch eine konfessionsübergreifende Koalition der Kurfürsten. Diese wollten nicht akzeptieren, dass hier das Reichsoberhaupt gegen das bisher in der Reichsverfassung übliche Zustimmungsrecht der Kurfürsten und Reichsstände aus eigener Autorität und Machtvollkommenheit ein so einschneidendes Edikt erließ. Unter der Führung des bayerischen Kurfürsten Maximilian I. erlitt der Kaiser auf dem Regensburger Kurfürstentag von 1630 eine schwere Niederlage, war gezwungen, den kaiserlichen Generalissimus Wallenstein, eine wichtige militärische Machtgrundlage des Reichsoberhauptes, zu entlassen und einer Überprüfung des Restitutionsedikts zuzustimmen. Im Prager Frieden von 1635 musste er dann endgültig die Durchführung des Edikts aufgeben. So hatte sich hier trotz konfessioneller Gegnerschaft der Kurfürsten die reichsständische Solidarität gegen das Reichsoberhaupt durchgesetzt, das eine erhebliche Stärkung der kaiserlichen Stellung angestrebt hatte.

Nachdem das Pendel durch den Kriegseintritt Schwedens und dessen militärische Erfolge wieder mehrere Jahre zu Ungunsten des Kaisers ausgeschlagen hatte, kam es mit dem Sieg bei Nördlingen von 1634 und dem Prager Frieden von 1635 nochmals zum Versuch des Kaisers, seine Macht auf Kosten der reichsständischen Libertät auszubauen, d. h., ähnlich wie der französische König in Frankreich, auch im Reich das Reichsheer voll in die Hand zu bekommen, Gesetze ohne Reichstag zu beschließen und Steuern zu erheben. Der Friede von 1635 erstrebte, wie Axel Gotthard es ausdrückt, die »zentralistische Verbiegung des Reichssystems«. Aber der offene Eintritt Frankreichs in den Krieg, um ein starkes habsburgisches Kaisertum zu verhindern, und der weitere Kriegsverlauf verschoben wieder die Gewichte. Gegen den Willen des Kaisers, inzwischen Ferdinand III. (1637–1657), der bei den sich anbahnenden Friedensverhandlungen das Reich allein vertreten wollte, wurden die Reichsstände, die auf die Wahrung ihrer Libertät pochten, vor allem auf französisches Betreiben hin, zu den Unterredungen zugelassen. So waren die Machtansprüche des Kaisers eingeschränkt und die der Reichsstände als Verkörperung des Gesamtreiches gestärkt, als der Frieden ausgehandelt wurde, der einen wichtigen zentralen Einschnitt, ja, eine Epochengrenze der Reichsverfassung darstellte.

Westfälischer Friede von 1648 und Entwicklung bis 1789

In den Friedensinstrumenten von Münster (6. August 1648) und Osnabrück (8. September des gleichen Jahres) wurden nach getrennten Verhandlungen die Bestimmungen beschlossen, die dann am 24. Oktober 1648 gemeinsam in beiden Städten vom Kaiser, den Reichsständen und den am Krieg beteiligten Mächten unterzeichnet wurden. Dieser Friede von 1648 blieb die Grundlage für die Verfassungssituation und -entwicklung während der nächsten rund 150 Jahre. Ende 1648 verschob sich das Gewicht im Reich stark zu Gunsten der einzelnen Territorien und zu Ungunsten des Kaisers.

Neben territorialen Bestimmungen, die schon in der Einführung behandelt worden sind, beinhaltete der Friedensvertrag vor allem verfassungsrechtliche und konfessionspolitische Regelungen. Kommen wir zunächst zu den Verfassungsproblemen. Während jetzt endgültig die Versuche des Kaisers gescheitert waren, das Reich zu einer Universalmonarchie oder gar zum richtigen Nationalstaat à la Frankreich umzuformen, erhielten die Reichsstände nach der bisherigen schon weit gehenden Landesherrschaft die Landeshoheit (*superioritas territorialis*) zuerkannt. Diese konnte sich allerdings angesichts der Vielzahl ganz unterschiedlicher Gemeinwesen nicht bei allen, und wenn, dann besonders bei den größeren Territorien ausbilden. Es handelte sich um eine Fast-Souveränität, die sich vor allem im Innern der größeren Territorien sehr weit gehend ausgestaltete. Zur Landeshoheit gehörten das Recht der Gesetzgebung, der Steuererhebung, der Bewaffnung und der Rechtsprechung sowie die Befugnis, Bündnisse mit anderen Reichsständen, dem Kaiser, aber auch mit auswärtigen Mächten abzuschließen. Die Landesherren konnten ferner eigenmächtig über Krieg und Frieden entscheiden. Allerdings durften, so lautete die prinzipielle Einschränkung, diese Bündnisse und Kriege nicht gegen Kaiser und Reich gerichtet sein. Dies wurde allerdings in der Praxis durchaus nicht immer beachtet.

Angesichts dieser bedeutenden Position der Partikulargewalten stärkte man deren Versammlung, d. h. den Reichstag, als gemeinsames Vertretungsorgan aller Reichsstände, erheblich. Das Reichsoberhaupt hingegen blieb nun endgültig in allen Tätigkeiten, die das Reich betreffen, wie Erhebung der Reichssteuern, Erklärung von Reichskriegen und Abschluss entsprechender Friedensverträge, sowie in der Reichsgesetzgebung an die Zustimmung der Reichsstände gebunden.

Von Bedeutung für die Reichsverfassung war auch die Bestimmung, dass Bayern die 1623 erworbene fünfte – ursprünglich pfälzische – Kurwürde behielt und man für die Pfalz eine achte Kur schuf. So gab es seit 1648 die geistlichen und fünf weltlichen Kurfürsten.

Wichtig für die Sicherung des Reichsfriedens und der Rechtsordnung des Heiligen Römischen Reiches waren auch die vielen konfessionellen Bestimmungen des Vertragswerkes. Sie führten zu einem Ausgleich und einem fest gefügten, friedlichen Nebeneinanderleben der drei großen christlichen Bekenntnisse auf Reichsebene. Ein

Religionskrieg war nach 1648 im Reich deshalb nicht mehr denkbar.

Zunächst blieb von entscheidender Bedeutung, dass neben den Katholiken und Lutheranern nun auch die Reformierten (Kalvinisten), d. h. die bisher besonders kämpferischen, aktivistischen Protestanten, den Status einer im Reich voll und ganz anerkannten Konfession erhielten. Da wegen des Grundsatzes *cuius regio, eius religio* vorher die Untertanen bei einem Konfessionswechsel des Landesherren dessen Konversion mitvollziehen mussten, war eine unruhige, konfliktreiche Dynamik im Konfessionsgefüge des Reiches entstanden. Sie brachte auch die Religionsparteien gegeneinander auf. Um diese Konflikte zu verhindern, führte man für den größten Teil des Reiches, allerdings mit Ausnahme u. a. der umfangreichen habsburgischen Territorien, das Normaljahr 1624 ein. Demnach wurde der Besitzstand der Konfessionen nach dem Stand vom 1. Januar 1624 für alle Zukunft festgeschrieben. Noch heute wirkt die damals fixierte Konfessionsstruktur nach. Das Normaljahr bedeutete einerseits, dass die Untertanen bei der Konversion ihres Landesherrn, wie etwa der Augusts des Starken von 1697, zu 100 % bei der 1624 festgelegten Konfession blieben. Gleichzeitig behielten im Jahr 1624 bestehende Minderheiten ihre bis dahin errungene öffentliche oder private Kultfreiheit. Als z. B. die rein lutherische Herrschaft Wolfstein (Sulzbürg-Pyrbaum) 1740 in Personalunion mit dem zu 100 % katholischen Kurbayern vereinigt wurde, blieb daher Wolfstein selbstverständlich weiterhin lutherisch. Reichsrechtlich waren auf diese Weise auch kleine konfessionelle Inseln und Minderheiten geschützt, wie etwa die nach 1624 hinzugekommenen lutherischen Pfarreien des Hochstifts Würzburg oder die Zisterzienserabtei Neuzelle in der ansonsten rein lutherischen Niederlausitz. Der Friede legte auch den Status mehrerer paritätischer Reichsstädte, wie den von Augsburg, fest oder den des alternierenden Hochstifts Osnabrück. Dort wechselten sich beim jeweiligen Tod ein katholischer und ein evangelischer Landesherr (Fürstbischof) ab bei paritätischen Rechten der Untertanen beider Konfessionen. In Augsburg lebten Lutheraner und Katholiken 150 Jahre lang mit einer Ausnahme friedlich zusammen bei genau festgelegter, gemeinsam ausgeübter Macht, obwohl es, wie Etienne François es ausdrückt, eine »unsichtbare Grenze« zwischen den Mitgliedern der beiden Konfessionen gab. Längst vor der Aufklärung gab es im Reich somit schon so etwas wie eine »praktische Toleranz«. Diese war auch nötig für die Zusammenarbeit der Reichsstände im Reichstag, in den Reichskreisen, ferner der konfessionsverschiedenen Richter in den Reichsgerichten. Um die religiösen Verhältnisse zu stabilisieren und in Frieden zu halten, legte der Westfälische Friede grundsätzlich die paritätische Besetzung der Reichsinstitutionen fest. Paritätische Bestimmungen verhinderten etwa, dass die Katholiken, die im Kurkolleg und Fürstenrat jeweils die Mehrheit bildeten, im Reichstag die protestantische Minderheit majorisieren konnten (vgl. zum *Corpus Evangelicorum* und *Corpus Catholicorum* S. 76). Ähnliche Regelungen gab es bei den höchsten Reichsgerichten, wo die jeweils katholische Mehrheit die protestantischen Richter in Religionsfragen nicht majorisieren konnten. So entstand 1648 eine lockere Konföderation mit religiösem Ausgleich auf Reichsebene und einer im Allgemeinen respektierten Rechts- und Friedensordnung.

Das Reich erlebte in der Folgezeit »keine Versteinerung des Reichssystems«, wie Gotthard mit Recht hervorhebt, sondern die Reichsverfassung blieb weiterhin offen und »auch danach noch im Fluß«. Letztlich beließ auch der Reichstag von 1653/54, der den Westfälischen Frieden zum Reichsgrundgesetz erklärte, das Reichssystem in alter Form mit Betonung der reichsständischen Libertät, d. h., das Reich zerfiel nicht, wie das eine Minderheit gern gesehen hätte, in einen »lockeren Staatenbund«, weil viele am Bestand des Reiches Interesse hatten. Neue Entwicklungen bahnten sich mit § 180 des Jüngsten Reichsabschiedes von 1654 an. Dort wurde beschlossen, die Untertanen müssten ihren Landesherren auch ohne Bewilligung der jeweiligen Landstände Geld zahlen, damit diese Truppen unterhalten könnten. Dadurch wurde oft der Weg frei für die Aufstellung stehender Heere. Diese konnten sich allerdings nur die großen, die so genannten armierten Reichsstände leisten. Gestärkt wurden nach 1648 auch die Reichskreise, die in der Reichskriegsverfassung eine zunehmende Bedeutung erhielten. So beschloss der Reichstag 1681 angesichts der türkischen Bedrohung, eine neue Reichskriegsverfassung mit einem Simplum von 40 000 Mann Reichstruppen zu schaffen, für deren Aufstellung die Reichskreise verantwortlich sein sollten.

Durch den Immerwährenden Reichstag, d. h. die permanente Versammlung der Reichsständevertreter in Regensburg, boten sich dem Kaiser mit der Zeit mehr und mehr Möglichkeiten, kleine Reichsstände für die eigene Politik zu gewinnen und einzuspannen, als Schlichter von Konflikten im Reich aufzutreten und dadurch zunehmend wieder den Einfluss des Kaisertums im Reich zu verstärken. Ab 1740, als die beiden wichtigsten Territorialkomplexe des Reiches, die habsburgischen Erblande und die preußische Monarchie, immer mehr aus dem Reichsverband herauswuchsen, galt die allgemeine Rechtsordnung im Wesentlichen nur noch für das übrige Reich. Dort funktionierte dessen Verfassungssystem trotz aller Probleme weiterhin. Neue Dynamik und grundlegende Veränderungen gab es dann nach der Französischen Revolution von 1789.

Revolutionskriege und Reichsdeputationshauptschluss von 1803

Durch die von Frankreich mit neuartigen, national motivierten Massenheeren geführten Revolutionskriege, die ab 1792 zur Eroberung linksrheinischer Teile des Reiches führten, veränderte sich zunehmend auch die Verfassung des Reiches, die schon durch den Frieden von Campoformio von 1797 praktisch weitgehend aufgehoben wurde, denn der militärisch unterlegene Kaiser versprach im Geheimen, sich für die Abtretung eines großen Teils des linksrheinischen Reichsgebietes an Frankreich einzusetzen, und man sah bereits die Entschädigung linksrheinischer Verluste durch Säkularisation vor. Vertraglich abgetreten wurde dann das Gebiet links des Rheins durch den Frieden von Lunéville 1801. Damit waren die Kerngebiete der drei geistlichen Kurfürsten und auch der größte Teil der Pfalz für das Reich verloren, die Kurfürsten von Köln und Trier völlig entmachtet. Da der Artikel 7 des oben erwähnten Friedensvertrages die Entschädigung der linksrheinischen Gebietsverluste an die französische Republik durch Mediatisierungen und Säkularisationen im Reich rechts des Rheins vorsah, bildete man zur Durchführung und zur formalen Legitimierung des schon vorher von Frankreich und Russland im Wesentlichen festgelegten Entschädigungsgeschäftes eine Reichsdeputation als Vertretung des Reichstages. Diese erarbeitete mit dem Reichsdeputationshauptschluss das letzte Grundgesetz in der Geschichte des Heiligen Römischen Reiches, das letztlich dessen bisherige Struktur zerstörte. Während drei Kurfürstentümer (Kurköln, Kurtrier und Kurpfalz) mediatisiert, außerdem auch 19 Hochstifte, 44 Reichsabteien und 41 Reichsstädte säkularisiert bzw. mediatisiert und deren Gebiete in einer gewaltigen territorialen Umwälzungs- und Umschichtungsaktion größeren weltlichen Territorien zugeschlagen wurden, schuf man neue Kurfürstentümer. Als zusätzliche Kurstaaten entstanden Salzburg bzw. Würzburg ab 1805, Württemberg, Baden und Hessen-Kassel. Da Karl Theodor von Dalberg als Erzbischof von Regensburg Kurfürst blieb, gab es ab 1803 noch einen geistlichen, drei weltliche katholische und sechs protestantische Kurfürstentümer. Das Kurkolleg erhielt somit zum ersten Mal eine protestantische Mehrheit. Das Gleiche galt für den Fürstenrat, wo durch den Wegfall der geistlichen Territorien ebenfalls die katholische Majorität verloren ging. Das letzte Reichsgrundgesetz von 1803 hatte jedoch für die Verfassung des Alten Reiches kaum noch Bedeutung, da dieses Reich schon 1806 unterging und Mitteleuropa völlig neu, weitgehend nach dem nun geltenden Grundsatz »Macht vor Recht« geordnet wurde. Nach der Vernichtung fast aller geistlichen Territorien und eines großen Teils der Reichsstädte existierten ohnehin die wichtigsten Stützen des Alten Reiches nicht mehr. Es war damals nur noch eine Frage der Zeit, bis die neu gebildeten Staatswesen von Napoleons Gnaden, die zu modernen, einheitlichen Staaten durch »Revolution« von oben ausgestaltet wurden, die zunächst noch verbleibenden kleinen Reichsterritorien einverleibt und den bisherigen »Flickenteppich« der ursprünglich mehr als 300 Gemeinwesen zu den mehr als 30 souveränen Staaten des späteren Rheinbundes (1806) und Deutschen Bundes (1815) umgestalteten.

2
Grundlagen

Vom Wesen der Reichsverfassung

Nach der Lektüre der oben geschilderten Grundzüge der Verfassungsentwicklung des Alten Reiches von 1486 bis 1806 wird sich mancher fragen, ob es sich denn hier wirklich um eine richtige Verfassung handelte. Der moderne formell-rechtliche Begriff von Verfassung, nach dem diese eine Konstitution ist, in der die Rechtsgrundsätze über Idee, Form, Aufbau und Funktionieren des Staates er-

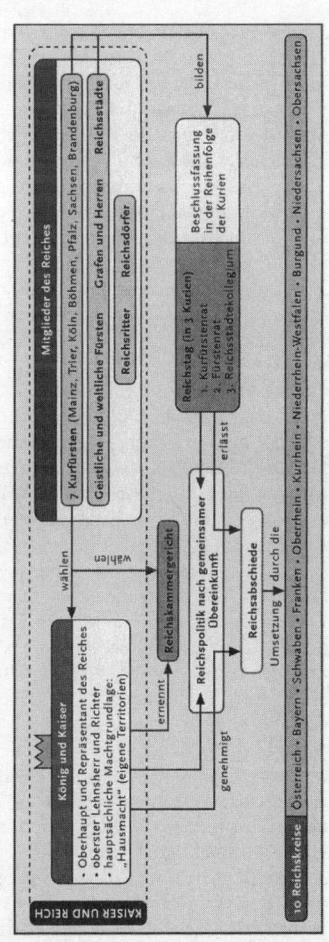

Verfassungsschema des Heiligen Römischen Reichs

Aus: Friedrich Wilhelm Putzger: Historischer Weltatlas. 103. Aufl. Berlin: Cornelsen, 2001. S. 94. – © 2001 Cornelsen Verlag GmbH & Co. OHG, Berlin.

schöpfend zusammengefasst werden, wie dies heute im Grundgesetz der Fall ist, kann nämlich für das Alte Reich nicht gelten. Dieser moderne Begriff trifft aber auch für die anderen Monarchien des *Ancien Régime* nicht zu. In diesem modernen konstitutionellen Sinn hatte das Reich nämlich genauso wenig wie Frankreich vor 1789/91 eine Verfassung; diese fehlt übrigens auch noch im heutigen Großbritannien. Die neuartigen Verfassungen gibt es erst seit 1776 (Virginia), 1787 (Bundesverfassung der USA) und 1791 (Polen und Frankreich).

Bei der Verfassung des Heiligen Römischen Reiches handelte es sich somit nicht um eine formell-rechtliche Verfassung mit entsprechender Gesamturkunde, sondern um eine traditionelle materiell-rechtliche Verfassung, die im Wesentlichen in einem durch lange Überlieferung gefestigten, rechtsverbindlichen Herkommen bestand, das durch einige mit der Zeit entstandene und nach und nach hinzugekommene schriftlich fixierte Grundgesetze ergänzt wurde. In diesem Sinne war die Reichsverfassung ein Konglomerat von geschriebenen und ungeschriebenen Rechtsgrundsätzen über Idee, Form, Aufbau und Wirksamkeit des Reichsgebildes und über die Zuständigkeit der zentralen Reichsorgane sowie der einzelnen Mitglieder. Dabei ist das komplizierte, sich laufend weiterentwickelnde, stark föderative Gebilde mit schwacher Zentralgewalt und gewähltem monarchischen Oberhaupt am besten mit einer Rechtsgemeinschaft zu charakterisieren, vielleicht auch als eine Art »Aristokratie mit monarchischer Spitze«, wie Heinrich Mitteis es formuliert. Die Reichsfriedensordnung wurde von den Zeitgenossen durchaus geschätzt. So bezeichnete Johann Wolfgang Goethe das Reich als einen »Zustand, in welchem sich zur Friedenszeit jedermann wohlbefinden konnte«.

Letztlich passt aber das in vielen Jahrhunderten entstandene Reich in kein staatstheoretisches Verfassungs- und Souveränitätsschema. Deshalb wird man sich heute mit einer Definition des Wesens der Reichsverfassung schwer tun. Aber das galt schon für die Staatsrechtlehrer des 17. und 18. Jahrhunderts. In diesem Zusammenhang ist auch der viel zitierte Vergleich des Reiches mit einem Monstrum durch Samuel Pufendorf zu sehen. Ausgehend von den Staatsformen und -typen »Monarchie, Aristokratie, Demokratie«, die Aristoteles, der große griechische Philosoph der Antike, mit den entsprechenden Regeln der Politik beschrieben und herausgestellt hatte, bezeichnete Pufendorf das Reich, das in keines der Schemata passen wollte, als »irregulare aliquod corpus et monstro simile« (›ein irgendwie unregelmäßiges Gebilde, einem Monstrum ähnlich‹). Der bedeutende Staatsrechtler Johann Jakob Moser definierte das Wesen der Reichsverfassung, das so gar nicht mit den üblichen Staatstypen übereinstimmte, ausweichend mit den Worten: »Teutschland wird auf teutsch regirt, und zwar so, daß sich kein Schulwort oder weniges Wort oder die Regierungsart anderer Staaten dazu schikken, unsere Regierungsart begreiflich zu machen.«

Auch der Juraprofessor und Erzieher des späteren Kaisers Joseph II. (1765–1790), Christian August von Beck (1720–1784), schrieb: »Da die Regierungsgestalt des Deutschen Reiches von allen sonst gewöhnlichen Arten der Regimentsformen abweicht, so haben diejenigen, welche sie in diesem Verstande irregularis nennen, nicht unrecht. Denn ungeachtet Deutschland sowohl als andere Staaten seine Regel oder Richtschnur hat, nach deren Vorschrift es regirt werden soll, so ist doch der Zusammenhang zwischen dessen Oberhaupt und Gliedern so außerordentlich, daß daraus eine ganz besondere Verfassung entstehet, die wenigstens in Europa ihresgleichen nicht hat und daher nicht nur für mangelhaft und gebrechlich, sondern gar für eine Mißgeburt ausgegeben wird.«

Beck betonte jedoch weiter unten: »Nichtsdestoweniger ist das Deutsche Reich noch in kein Systema Civitatum zerfallen, sondern nur ein einziger Staat, dessen Oberhaupt der Kaiser allein, die Mitglieder aber die gesamten Reichsstände, Vasallen und Untertanen sind.« Deshalb betonte der Staatsrechtler des 18. Jahrhunderts, dass »die majestätischen Rechte teils vom Kaiser allein und teils mit Genehmhaltung [Billigung] der Kurfürsten, in den meisten Fällen aber mit Vorwissen und Bewilligung aller Reichsstände insgesamt ausgeübt werden und wo jeder Landesherr in seinem territorio, jedoch nach den Reichsgesetzen und Herkommen, mit völliger Freiheit und Hoheit regiert«.

Aus diesen Sätzen spricht die verbreitete Lehre von der gemischten Verfassung bzw. die Theorie von der doppelten Majestät im Reich, und zwar die *Majestas realis*, die von den meisten erblichen Reichsständen ausgeübt wurde, und der *Majestas personalis*, die der Wahlkaiser verkörperte. Am besten wird dies durch die in den Quellen der Zeit häufig auftauchende Formel »Kaiser *und* Reich« ausgedrückt. Sie charakterisiert sehr gut den in der Verfassungswirklichkeit existierenden Dualismus zwischen dem Wahlkaiser und den Reichsständen sowie zwischen deren jeweiligen Interessenssphären.

Angesichts dieses Dualismus und der komplizierten Reichsstruktur kam den anerkannten geschriebenen Grundgesetzen und dem rechtsverbindlichen, durch lange Tradition gefestigten Herkommen eine große Bedeutung zu, um ein Auseinanderfallen des Reiches zu verhindern. Sie bewirkten, dass die Grundverfassung des Reiches beibehalten und das Band zwischen Kaiser und Reichsgliedern nicht zerrissen wurde.

Reichsgrundgesetze

Bei den geschriebenen Reichsgrundgesetzen handelte es sich, wie erwähnt, nicht etwa um Teile einer alles zusammenfügenden Verfassungsurkunde, wie wir es bei modernen Konstitutionen kennen, sondern um einzelne Grund-

Grundlagen

gesetze, die im Laufe der Jahrhunderte zu verschiedenen Zeiten entstanden sind. Voraussetzung war, dass sie allgemein als Bestandteile der überkommenen Reichsverfassung anerkannt wurden. Ähnlich wie bei den Grundgesetzen (*Lois fondamentales*) der französischen Monarchie zur gleichen Zeit handelte es sich um eine lose Aneinanderreihung von Reichsgrundgesetzen. Dabei gab es keine wirklich verbindliche Reihenfolge, ja, ihre Anerkennung – und somit ihre Zahl – war nicht immer und überall zwingend festgelegt.

Als wichtigstes Reichsgrundgesetz galt jedoch bis 1806 ganz allgemein die Goldene Bulle von 1356. Benannt nach dem auch anderwärts in der kaiserlichen Kanzlei von Zeit zu Zeit verwendeten goldenen Siegel, wurde die Bulle von Kaiser Karl IV. (1346–1378) auf den Reichstagen von Nürnberg und Metz verkündet. Diese Goldene Bulle von 1356 regelte in der deutschen Wahlmonarchie zum ersten Mal verbindlich und bis zum Ende des Reiches gültig den Modus der Königswahl. Sie war mit Sicherheit für das Reich ebenso bedeutend wie für das französische Nachbarland das salische Grundgesetz, das in dieser Erbmonarchie seit 1316 und 1328 die rein männliche Erbfolge in Primogenitur bestimmte.

Neben der Festlegung der Art und Weise der Königswahl waren in der Goldenen Bulle noch viele andere Bestimmungen enthalten, so in den ersten sieben Kapiteln die über die Kurfürstenverfassung. Demnach waren allein die Kurfürsten bzw. deren mit Vollmacht versehene Vertreter zur Wahl des Königs berechtigt. Dabei entschied die Mehrheit der Stimmen.

Karl IV. begrenzte in der Bulle die Zahl der Kurfürsten auf sieben (Mainz, Trier, Köln, Böhmen, Pfalz, Sachsen, Brandenburg) und schloss ausdrücklich Bayern und Sachsen-Lauenburg, aber auch Österreich aus. Im 17. Jahrhundert erhöhte man dann die Anzahl der Kurfürsten (zusätzlich Bayern und Hannover).

Andere Teile der Goldenen Bulle, die in 31 Kapitel untergliedert ist, erklärten die Kurfürstentümer, d. h. die eigentlichen Kurländer, als unteilbar mit Primogeniturrecht und garantierten ihnen Privilegien. Schließlich wurden die Thronvakanz, das Reichsvikariat, das Fehderecht sowie das Hofzeremoniell geregelt. Obwohl man voraussetzte, dass dem gewählten deutschen König das Recht auf die Kaiserwürde zustehe, überging die Bulle schlicht und einfach die päpstlichen Ansprüche auf Approbation.

Als wichtigste Funktion der Goldene Bulle kann man festhalten, dass sie im Prinzip Doppelwahlen verhinderte, wie sie vorher des Öfteren vorkamen. Außerdem garantierte sie den Kurfürsten ihre schon bisher nach Herkommen ausgeübten Rechte, schloss die päpstlichen Ansprüche aus und beschränkte das Fehderecht. Somit war sie richtungsweisend und eindeutig und bildete ein zentrales Fundament der Reichsverfassung bis 1806.

Als weiteres, zweites Grundgesetz des Reiches galten die Deutschen Konkordate von 1447, die so genannten *Concordata nationis Germanica* oder *Concordata Germanica*. Sie wurden zwischen Papst Nikolaus V. (1447–1455) und Kaiser Friedrich III. (1440–1493) geschlossen. In diesem Vertrag schrieben das geistliche und das weltliche Oberhaupt die päpstlichen Rechte und die Freiheiten der Bischöfe und Kirchen im Reich fest. Man regelte hier u. a. die Wahl in die geistlichen Ämter (Bischöfe, Äbte, Pröpste), die vorgesehene Bestätigung durch den Papst, das Privileg der Wahl nach kanonischem Recht, die Vergabe von kirchlichen Würden und Präbenden oder die Einziehung der Einkünfte nach Tod oder Absetzung von Geistlichen. Diese Konkordate blieben eine wichtige Basis für die Struktur der aristokratischen Reichskirche, die letztlich links des Rheins bis 1792 und rechts des Rheins bis zur Säkularisation 1802/03 erhalten und bestimmend blieb.

Als drittes Grundgesetz wäre hier der Ewige Landfrieden von 1495 zu nennen. Er wurde auf dem Reformreichstag von Worms am 7. August 1495 verkündet und blieb bis 1806 in Kraft. Der Ewige Landfrieden verbot allgemein das bisher beanspruchte feudale Fehderecht und setzte im Prinzip das Gewaltmonopol des Staates, d. h. der Territorien bei schweren Verbrechen von Untertanen sowie das des Reiches bei Konflikten der Reichsstände untereinander, durch. Bewaffnete Selbsthilfe des Adels oder anderer wurde für grundsätzlich rechtswidrig erklärt, Streitfälle wurden an die Gerichte verwiesen, für das Reich auf das zu schaffende Reichskammergericht. Der schon erwähnte Staatsrechtler Beck schreibt zu diesem Ewigen Landfrieden: »Er verordnet, daß kein Stand, Mitglied oder Untertan des Reiches gegen den anderen Gewalt gebraucht, sondern den Weg des Rechtes gehen, keiner des anderen Untertanen in Schutz nehmen, noch viel weniger den Friedensstörern und liederlichen Gesindel einigen Aufenthalt gestatten solle bei Strafe des Bannes oder der Reichsacht oder einer Geldbuße von 2000 Mark lötigen Goldes.«

Auch die Wormser Reichsmatrikel von 1521 kann als Reichsgrundgesetz, somit als viertes Reichsgrundgesetz bezeichnet werden. Hier wurden das Simplum, d. h. die je nach Bewilligung zu vervielfachende Zahl der Truppen, die der jeweilige Reichsstand aufzubringen, und die Summe, die er für das Reichsheer zu zahlen hatte, festgelegt. Diese Reichsmatrikel blieb, verschiedentlich in den Moderationen etwas abgeändert und den neuen Verhältnissen angepasst, die Grundlage der Reichsheeresverfassung bis zum Ende des Alten Reiches. Hier war z. B. festgeschrieben, dass das Erzstift Salzburg als Simplum 120 Mann zu Ross und 554 zu Fuß, das Hochstift Passau 36 zu Pferd und 156 zu Fuß, die Reichspropstei Berchtesgaden 4 zu Pferd und 64 zu Fuß aufzustellen hatten. Unter den weltlichen Ständen des Bayerischen Kreises traf auf Bayern ein Simplum von 120 zu Pferd und 554 zu Fuß, auf die Landgrafschaft Leuchtenberg 12 zu Pferd und 28 zu Fuß und auf die kleine Reichsgrafschaft Ortenburg 4 zu Pferd und 36 zu Fuß.

Weitere Reichsgrundgesetze waren fünftens die Reichsexekutionsordnung von 1555, sechstens die Reichskammergerichtsordnung und siebtens der Augsburger Religionsfriede vom 25. September 1555, der nicht dem Kaiser, sondern den Landesherren die Bestimmung der Konfession ihrer Untertanen zubilligte, sowie achtens die Ordnung des Reichshofrates von 1654.

In der Reichsexekutionsordnung, von der schon die Rede war, beauftragte der Reichstag die noch ausführlich zu behandelnden Reichskreise, über die Einhaltung des Landfriedens zu wachen, die Exekution der höchsten Reichsgerichte, besonders des Reichskammergerichts durchzuführen und die Aufstellung des Reichsheeres zu organisieren. Die im gleichen Jahr 1555 beschlossene Reichskammergerichtsordnung legte die Grundordnung des 1495 in Worms beschlossenen, aber erst 1527 in Speyer wirklich als feste Institution eingerichteten Reichskammergerichts fest. Endgültig wurde die Ordnung des zweiten höchsten Reichsgerichts, des Reichshofrates, erst 1654 erlassen und dabei der Einfluss der Reichsstände auf dieses kaiserliche Gericht ausgeschlossen. Eingerichtet hatte es schon König Ferdinand I. im Jahr 1527, der ab 1556/58 als Nachfolger seines Bruders Karl V. Kaiser wurde.

Zu den bedeutendsten Reichsgrundgesetzen gehörte auch neuntens die jeweilige Wahlkapitulation des Kaisers, die einzuhalten von diesem vor der Krönung zu beschwören war. In der Wahlkapitulation waren die Rechte und Pflichten des Kaisers sowie die der Reichsstände festgeschrieben. Hier galten vor allem die Bestimmungen als zentral wichtig, welche den Schutz der Libertät der Reichsstände betrafen, und Forderungen bezüglich der Reichsreform. Als erster Kaiser des Heiligen Römischen Reiches musste Karl V. 1519 einer solchen Wahlkapitulation zustimmen, welche die Macht des Wahlmonarchen im Prinzip stark einschränkte. Mit der Zeit fügte man immer neue Bestimmungen den im Allgemeinen von der Wahlkapitulation des Vorgängers übernommenen Kapitulationen hinzu. Ab 1648 waren hierbei die Vertragsregelungen des Westfälischen Friedens von zentraler Bedeutung. Diese Friedensinstrumente bildeten ab 1649 ein besonders wichtiges und zukunftsweisendes zehntes Grundgesetz. Der Westfälische Friede von 1648 wurde nämlich nach dem Austausch der Ratifikationsurkunden am 8. Februar 1649 zum ewigen Grundgesetz des Heiligen Römischen Reiches erklärt.

Neben territorialen Veränderungen war hier vor allem wichtig, dass die Territorien endgültig ihre Landeshoheit anerkannt bekamen. Außerdem legte man fest, dass neben Katholiken und Lutheranern auch die Reformierten (Kalvinisten) den Status einer voll berechtigten Konfession im Reich erhielten. Schließlich wurden hier mehrere Bestimmungen zum konfessionellen Ausgleich und zur paritätischen Besetzung verschiedener Reichsinstitutionen vereinbart (vgl. S. 31 ff., 76, 86).

Obwohl mit dem Westfälischen Frieden von 1648 letztlich die Entwicklung der Reichsverfassung im Wesentlichen abgeschlossen war, wurden neben den oben behandelten Grundgesetzen von den meisten Staatsrechtslehrern und auch den Reichsständen sowie dem Kaiser im Allgemeinen auch die weiteren Reichsfriedensverträge der zweiten Hälfte des 17. Jahrhunderts und des 18. Jahrhunderts als Teile der Reichsverfassung angesehen. Es handelte sich hier um den Frieden von Nimwegen 1678/79, durch den die Grenzen einiger Reichsteile abgeändert wurden, ferner den Frieden von Rijswijk von 1697, der ebenfalls territoriale Änderungen bestimmte und vor allem auch im 4. Artikel die umstrittene Religionsklausel enthielt. Demnach war die katholische Konfession unabhängig und abweichend vom Normaljahr (1624) des Westfälischen Friedens in den von Frankreich an das Reich zurückgefallenen rechtsrheinischen Gebieten aufrechtzuerhalten. Die Klausel, die u. a. für Teile der Kurpfalz einschlägig war, blieb zumindest bis 1734 in Kraft. Weitere Reichsfriedensverträge waren der Friede von Baden, den das Reich 1714 mit Frankreich abschloss und der die dann gültige Grenze zwischen Frankreich und dem Reich festsetzte, und der Wiener Friede von 1738. Er legte die Abtretung des bisher wenigstens formal noch zum Reich gehörenden Lothringens an Frankreich fest.

Schließlich sah man auch die Reichsabschiede (die in einer Urkunde zusammengefassten und vom Kaiser bestätigten Reichstagsbeschlüsse) als Reichsgrundgesetze an. Dies gilt besonders für den letzten, den jüngsten Reichsabschied (*Recessus Imperii Novissimus*) vom 17. Mai 1654.

Neben diesen erwähnten in schriftliche Form gebrachten Reichsgrundgesetzen recht unterschiedlicher Ausprägung und Bedeutung bestand die Reichsverfassung aus dem gewohnheitsrechtlichen Reichsherkommen, auch »Reichs-Observanz« genannt.

»Reichsherkommen« und Gewohnheitsrechte

Ähnlich wie in anderen Monarchien der Zeit, etwa in Frankreich oder England, spielten allgemein anerkannte Gewohnheitsrechte eine große Rolle im Verfassungsleben des Heiligen Römischen Reiches. Der schon zitierte zeitgenössische Staatsrechtler Beck schreibt dazu: »Reichs-Observanz oder Herkommen nennt man diejenigen Rechte, welche nicht durch ausdrückliche Gesetze oder Verträge, sondern durch die Gewohnheit und den hergebrachten Gebrauch eingeführt worden sind, worauf sich aber doch die Reichsgesetze und Verträge selbst zum öfteren berufen.«

So ein Gewohnheitsrecht entstand dann, wenn »die gleiche Handlung in gleichen Fällen und Umständen mit Wissen und Willen des Kaisers und des Reiches« öfters wiederholt oder unterlassen wurde. Dabei war wichtig, dass die Betroffenen keinen Widerspruch oder Protest erhoben. Ein auf diese Weise entstandenes Gewohnheitsrecht des Reiches besaß dann die gleiche Gültigkeit wie eine ausdrückliche Satzung. Durch solche allgemein anerkannten Gewohnheitsrechte konnten sogar Reichsgrundgesetze abgeändert, eventuell sogar aufgehoben werden. Dies geschah z. B. bei verschiedenen Artikeln der Goldenen Bulle, etwa bei der Festlegung der Zahl Sieben für die Kurfürsten, die später erhöht wurde. Späteres Reichsherkommen konnte außerdem früheres aufheben und durch neues ersetzen. Dies galt z. B. für den im Mittelalter üblichen Romzug des römischen Königs und seine Krönung durch den Papst zum Kaiser. Laut Beck wurde dies *per desuetudinem*, d. h. dadurch abgeschafft, dass es außer Gebrauch kam.

Von den damaligen Staatsrechtlern wurden die hier einschlägigen Gewohnheitsrechte in ein Reichsherkommen eingeteilt, das die Staatsgeschäfte selbst betraf, und in eines, das die Art und Weise festlegte, wie man diese durchzuführen hatte. Zur ersten Gattung der »Reichs-Observanz« gehörten die Gewohnheitsrechte, dass in der Neuzeit trotz universalem Anspruch des Reiches ein Deutscher zum Kaiser gewählt wurde, dass man dem Kaiser ab 1519 eine Wahlkapitulation vorlegte, dass das Reichsoberhaupt Einfluss auf die Besetzung in den Reichsstiften ausübte und dass es vom Thron aus die Investitur in das Reichsterritorium verlieh. Als weitere entsprechende Gewohnheitsrechte galten ferner, dass sich die vornehmsten Reichsstände »von Gottes Gnaden« nennen durften und dass die geistlichen Reichsstände als höher angesehen wurden als die weltlichen gleichen Grades.

Zur zweiten Kategorie des Reichsherkommens gehörten die Einteilung der Reichsstände in drei besondere Kollegien, der Modus der Abstimmung im Reichstag und die Veröffentlichung der Reichsabschiede, die Verwaltung der

Reichserzämter, die Entsendung von Reichsgesandten, die Ausübung des Reichsvikariats bei Vakanzen des Kaisertums und der Reichskanzleistil.

Wie erwähnt war das Reich durch den Dualismus geprägt zwischen Kaiser und Reich, wobei die Reichsstände, d. h. die wichtigen Mitglieder des föderativen Staatsgebildes, als »das Reich« betrachtet wurden.

3
Mitglieder des Reiches

Der bedeutende Berliner Geograph Anton Friedrich Büsching schrieb 1787, das Heilige Römische Reich bestehe aus über 300 Gemeinwesen. Diese waren recht unterschiedlich. Es gab große, kleine und winzige weltliche und auch geistliche Territorien mit erblichen bzw. gewählten Monarchen, ferner Stadtrepubliken, Reichsdörfer, Reichsritterterritorien und Gebiete mit eigenartigen Formen von Mischherrschaft wie etwa die Stadt Fürth, die den Markgrafen von Ansbach, den Dompropst von Bamberg und die Reichsstadt Nürnberg in einer Dreiherrschaft zu Stadtherren hatte. Existierten Territorien mit ausgeprägter und weit entwickelter Staatlichkeit wie das Erzherzogtum Österreich, Brandenburg-Preußen, Kursachsen oder Kurbayern, so auch solche stecken gebliebener Staatlichkeit wie die Markgrafschaft Ansbach und Formen von beschränkter Herrschaft. Erst das Konglomerat all dieser unterschiedlichen Gemeinwesen, die alle irgendwie in das Reich und seine Reichs- und Friedensordnung mehr oder weniger, eng oder recht locker eingebunden waren, macht das Heilige Römische Reich der Neuzeit aus.

Weltliche Fürsten und ihre Territorien

Der größte Territorialkomplex des Reiches mit rund 8 Millionen Menschen war das Herrschaftsgebiet der Habsburger, die in zahlreichen weltlichen Reichsterritorien regierten, im Erzherzogtum Österreich, in Innerösterreich (Steiermark, Kärnten, Krain), in der Grafschaft Tirol (einschließlich »Welschtirol« mit Trient), in Vorderösterreich mit dem Breisgau und der Hauptstadt Freiburg, seit 1714 in den katholischen Niederlanden und schließlich nur locker mit dem Reich verbunden in Böhmen, Mähren, bis 1740 Schlesien, dann nur noch Österreichisch Schlesien mit Troppau. Die Habsburger, deren Oberhaupt meist auch der Kaiser war, regierten außerdem in Personalunion jenseits der Grenzen des Reiches im immer größer werdenden Königreich Ungarn. Diese gewaltige Landmasse garantierte den katholischen Habsburgern eine erhebliche Macht im Reich und in Europa.

Als zweitmächtigster Reichsfürst regierte der seit 1613 reformierte (kalvinistische) Kurfürst und ab 1701 König der brandenburg-preußischen Monarchie über eine erhebliche, im 18. Jahrhundert immer größer werdende Zahl von Territorien, die allerdings teilweise außerhalb des Reiches lagen. Im Reich regierte er vielfach in Personalunion in der Mark Brandenburg mit Berlin, im Herzogtum Hinterpommern, seit 1648 im Fürstentum (früher Hochstift) Halberstadt und Hohenstein, seit 1680 im Herzogtum (früher Erzbistum) Magdeburg, ab 1714 in Wernigerode und ab 1780 in Mansfeld. Zu diesem Länderkomplex kamen ohne Landbrücke die weit vom Kernland im Nordwesten liegenden, 1614 durch Erbschaft an die Berliner Hohenzollern gefallenen Territorien Kleve, Mark und Ravensberg, ferner das 1648 hinzugekommene ehemalige Hochstift Minden, außerdem seit 1702 Moers und Lingen, ab 1707 Tecklenburg, 1715 Obergeldern und 1744 Ostfriesland. Von großer Bedeutung war wegen der hohen

Einwohnerzahl und des wichtigen Wirtschaftspotentials die Eroberung des größten Teils von Schlesien mit der Grafschaft Glatz 1740/42. Auf diese Weise entstand im Osten des Reiches ein relativ geschlossener Länderkomplex der Brandenburger, der zusammen mit den westlichen Territorien 6 Millionen Einwohner hatte.

Neben den Habsburgern und brandenburgischen Hohenzollern waren für die Geschichte des Reiches auch die Dynastien der Wittelsbacher, Wettiner und Welfen von großer Bedeutung. Die Wittelsbacher hatten zunächst mit der Kurpfalz eine Kurstimme. Als das relativ große Bayern 1623 Kurfürstentum wurde und 1648 der Pfälzer Landesherr die achte Kur erhielt, regierten die Wittelsbacher in zwei Linien zwei Kurfürstentümer. Bayern zählte im 18. Jahrhundert etwa 1,2 Millionen Menschen, die Kurpfalz ohne die vom Kurfürsten in Personalunion regierten Territorien 228 000 Einwohner. Kursachsen, das Territorium der Wettiner, zählte zwischen 1 Million und 1,5 Millionen Einwohner, das Gebiet der Welfen, die 1692/1708 die Kurwürde erhielten, hatte als Kurhannover etwa 800 000 Einwohner. Diese weltlichen Kurfürstentümer spielten politisch und militärisch eine wichtige Rolle im Reich, und ihre Hauptstädte München, Heidelberg bzw. Mannheim, ferner Dresden und Hannover stellten wichtige kulturelle Zentren dar. Im Gegensatz zu den Wittelsbachern, die erfolglos nach Königswürden strebten, errang der sächsische Kurfürst ab 1697 für längere Zeit die polnische Königskrone und war somit in Personalunion zur selben Zeit Kurfürst von Sachsen und außerhalb des Reiches König von Polen. In ähnlicher Weise fungierte seit 1714 der Kurfürst von Hannover als König von Großbritannien. Er residierte selbstverständlich in England, blieb jedoch trotz seiner Position als Oberhaupt einer europäischen Großmacht gleichzeitig Reichsfürst und Kurfürst.

Neben den Kurfürstentümern stand eine Reihe mittlerer Herzog- und Fürstentümer, die von altfürstlichen Dynastien und anderen wichtigen Hochadelsfamilien regiert wurden. Zu nennen wären im Einzelnen eine größere Anzahl von Herzog-, Landgrafen-, Markgrafen- und Fürstentümern, deren Einwohnerzahl zwischen 600 000 und 100 000 schwankte. Neben Württemberg, das 600 000 Menschen hatte, galten die Herzogtümer Jülich mit 193 400 und Berg mit 212 700 Einwohnern Ende des 18. Jahrhunderts als die wichtigsten Territorien. Zu dieser Kategorie der Reichsstände gehörten außerdem das Herzogtum Holstein, die Landgrafschaften Hessen-Darmstadt und Hessen-Kassel sowie die fränkischen und badischen Markgrafentümer, die Grafschaft Oldenburg und weitere. Aber auch die vielfältige Welt der kleinen Fürstentümer und Zwergherzogtümer, etwa die des thüringisch-sächsischen Raumes, wie Sachsen-Weimar und Sachsen-Coburg, gehörten zu den weltlichen Reichsfürsten, ferner die Grafschaft Hoya im Norden, die Fürstentümer Pfalz-Neuburg und Pfalz-Sulzbach oder das Fürstentum Hohenzollern im Süden des Reiches. Alle diese Territorien spielten eine gewisse politische, oft auch eine große kulturelle Rolle. Im Jahr 1521 existierten 24 und im Jahr 1792 sogar 59 weltliche Reichsfürsten.

Geistliche Fürsten und ihre Territorien

In ganz Europa gab es neben den geistlichen Territorien des Heiligen Römischen Reiches als entsprechende geistliche Fürsten mit eigenen Territorien nur den Kirchenstaat, das Fürstentum Ermland und das von Riga sowie den Ordensstaat Malta. Es handelte sich hier somit um eine ganz spezifische Kategorie von staatlichem Gebilde. Die Oberhäupter der geistlichen Reichsterritorien, d. h. die Fürstbischöfe, Fürstäbte oder Fürstpröpste, hatten eine Doppelfunktion inne. Sie waren Landesherren eines Territoriums und gleichzeitig Oberhirten einer Diözese bzw. Vorsteher eines bedeutenden Klosters. Nach dem Westfälischen Frieden handelte es sich hier um die geistlichen Kurfürstentümer Mainz, Köln und Trier sowie das Erzstift Salzburg und die Hochstifte (Fürstbistümer) Trient, Brixen, Freising, Passau, Regensburg, Eichstätt, Bamberg, Würzburg, Fulda (ab 1752), Hildesheim, Münster, Paderborn, Lüttich, Worms, Speyer, Straßburg, Basel, Konstanz, Chur und Augsburg. Dazu kamen Lübeck, ein evangelisches Hochstift mit der Hauptstadt Eutin, und das alternierende, d. h. abwechselnd von einem Katholiken und Protestanten regierte, Hochstift Osnabrück. Diese Hochstifte leisteten weit überproportional große Beiträge zu den Reichssteuern (»Römermonaten«) und bildeten besonders treue und wichtige Stützen des Reiches und des Reichssystems.

Der Umfang dieser geistlichen Kurfürstentümer mit 303 000 (Mainz) bis 231 000 (Trier) Untertanen und der Hochstifte war recht unterschiedlich. Dementsprechend hatten die größten wie Münster Ende des 18. Jahrhunderts 350 000 Einwohner, Salzburg 250 000 und Würzburg 200 000, während die kleinsten Hochstifte wie Freising und Regensburg nur über 14 000 bzw. 9000 reichsunmittelbare Untertanen herrschten. Dazu kamen dort allerdings Grunduntertanen, die der Landeshoheit anderer Landesherren (Bayern, Österreich, Tirol) unterstanden. Nach der Bedeutung ihrer Territorien kamen die großen Reichsabteien, deren Vorsteher zu den geistlichen Fürsten zählten, an die kleineren Hochstifte heran oder übertrafen sie sogar bei weitem. Es handelte sich um die Reichsabteien Fulda (bis 1752) und Kempten oder die Reichspropsteien Berchtesgaden und Ellwangen. Wesentlich kleiner waren die Abteien von Prüm, Stablo und Corvey und die Reichspropstei Weißenburg. Zu den geistlichen Reichsfürsten gehörten schließlich der Hoch- und Deutschmeister, Haupt des Deutschen Ordens, und der Johannitermeister. Die Residenzen all dieser geistlichen Fürsten stellten wichtige Kulturzentren dar. Militärisch spielten diese Territorien vor allem nach 1648 eine recht geringe Rolle. Da die Fürstbischöfe, Reichsäbte, Reichspröpste und die Häupter der Ritterorden vom jeweiligen Domkapitel, Konvent oder Ordenskapitel gewählt wurden, handelte es sich um kleine Wahlmonarchien, wobei die Fürstbischöfe an Wahlkapitulationen gebunden waren, die sie vor Amtsantritt beschwören mussten. Die geistlichen Territorien wurden von den Aufklärern meist als ideologisch, gesellschaftlich und wirtschaftlich rückständig eingeschätzt und bezeichnet. Diese negative Wertung setzte sich später bei der preußisch-kleindeutsch geprägten Geschichtsschreibung fort. Seit neuester Zeit werden die Hochstifte jedoch wesentlich positiver beurteilt, so etwa das Fürstbistum Augsburg durch Wolfgang Wüst. Zur letzten Kategorie der geistlichen Fürsten gehörten schließlich die vielen Reichsprälaten, die ähnlich wie die Reichsgrafen und Herren nur im Rahmen eines Gremiums eine Teilstimme auf dem Reichstag besaßen.

Reichsprälaten, Reichsgrafen und Herren

Unter den zahlreichen geistlichen Territorien des Heiligen Römischen Reiches bildeten diejenigen der etwa 45 Reichsprälaten die Mehrheit. Diese gehörten entweder dem Rheinischen oder dem Schwäbischen Prälatenkollegium an und besaßen jeweils eine Sammelstimme (Kuriatsstimme) auf dem Reichstag. Im Rheinischen Kollegium waren 19 Prälaten zusammengefasst, die in der ganzen westlichen und südlichen Reichshälfte verstreut lagen. So gehörten Werden, Corneli-Münster, aber auch die wichtige, von einer Reichsäbtissin regierte Frauenabtei Essen dazu, ferner die Abtei St. Emmeram in Regensburg und die zwei dort ansässigen Damenstifte Ober- und Niedermünster, die Zisterzienserabtei Kaisheim bei Neuburg a. d. Donau und St. Ulrich und Afra in Augsburg. Mitglieder des Schwäbischen Prälatenkollegiums waren demgegenüber die vielen kleinen Reichsabteien Oberschwabens wie Elchingen, Irsee, Roggenburg, Schussenried, Ursberg, Wettenhausen, Ochsenhausen, Zwiefalten oder Weingarten. Hinzu kam noch die reichsunmittelbare Benediktinerabtei Ottobeuren, die nicht im Reichstag vertreten war. Wenn auch die Territorien dieser Reichsprälatenklöster meist recht klein waren oder wenn sie, wie die Äbtissinnen von Ober- und Niedermünster oder Lindau, nur über umfangreiche Grundherrschaften, aber über kein reichsunmittelbares Territorium verfügten, so waren sie alle doch bedeutende Kulturzentren. Sie errichteten repräsentative Klosterbauten – bei Weingarten oder Ottobeuren spricht man sogar jeweils vom »schwäbischen Escorial«. Diese Klöster besaßen meist prächtige Kaisersäle und Bibliotheken und hatten oft sehr große, wunderschöne Kirchen. Handelte es sich bei den Frauenreichsklöstern um adelige Damenstifte, so stammten die Patres und Äbte der Männerklöster meist aus dem Bürger-, Handwerker-, selten aus dem Bauernstand.

Was die Größe der Territorien und die politische Bedeutung betraf, so entsprachen den Reichsprälaten im weltlichen Bereich die Reichsgrafen und Herren, deren zahlreiche kleine, reichsunmittelbare Gebiete wesentlich zu der Vielfalt und zum »Flickenteppich« der Herrschaften im Westen und Süden des Reiches beitrugen. Die fast 100 Reichsgrafschaften waren in vier Grafenkollegien zusammengefasst, die jeweils eine Kuriatsstimme auf dem Reichstag innehatten. Bei den vier Kollegien handelte es sich um das Wetterauische (heute im hessischen Raum), Schwäbische, Fränkische und Westfälische Grafenkollegium. Zum ersten gehörten u. a. die Grafen und Herren von Nassau-Usingen, Nassau-Weilburg, Solms-Braunfels, Solms-Rödelheim, Sayn-Wittgenstein-Berleburg, zum Schwäbischen u. a. die Grafen Fugger, von Sternberg, die Truchsessen von Waldburg, zum Fränkischen die Grafen von Hohenlohe, von Castell, seit 1701 von Schönborn usw. und zum Westfälischen Kollegium die Grafen von Wied, von der Lippe, von Bentheim etc. Als geistliche Fürsten und hohe Offiziere und Beamte spielten diese Familien trotz ihrer kleinen Reichsterritorien eine wichtige Rolle im Reich, und sie gehörten dort zur Klientel des Kaisers, der sie einerseits unterstützte und andererseits auf ihre Anhängerschaft bauen konnte. Ähnliches galt auch für die nächste noch kleinere Adelskategorie, die Reichsritter.

Reichsritter

Die seit etwa 1555 zu Reichsrittern gewordenen und seit 1577 zu einem Gesamtbund zusammengeschlossenen reichsunmittelbaren Ritter übten jeweils die Landesherrschaft über ihre kleinen Territorien ähnlich wie die Landesherren über ihre großen Länder aus. Die Reichsritterschaftsgebiete lagen vor allem als Einsprengsel im Gebiet des Schwäbischen, Fränkischen und Oberrheinischen Reichskreises, ohne zu diesen Kreisen zu gehören. Die etwa 350 Reichsritterfamilien herrschten zusammen immerhin über 200 000 bis 250 000 Untertanen in Franken, Schwaben, im Rheinland und in der Wetterau. Wichtig ist, dass diese Reichsritter, deren kleine Territorien reichsunmittelbar waren und über deren Konfessionsausübung sie vor 1624 bestimmt hatten, weder Sitz noch Stimme auf dem Reichstag besaßen. Sie waren somit keine Reichsstände und gehörten auch nicht als Stände den Reichskreisen an. Demgemäß beteiligten sie sich auch nicht an der Zahlung der üblichen Reichssteuern.

Vielmehr leisteten sie für Kaiser und Reich spezielle Abgaben, die so genannten *subsidia caritativa*, die in den Ritterkreisen erhoben wurden. Die Reichsritter waren in drei Ritterkreise zusammengefasst, den Schwäbischen,

Fränkischen und Rheinischen, und wurden von einem gemeinsamen Bundesdirektorium geleitet. Dieses hatte abwechselnd jeweils eines der Kreisdirektorien der drei Kreise inne. Jedes der Kreisdirektorien, dem jeweils eine Kreisversammlung zur Seite stand, wurde im Turnus von jeweils einem Ritterkanton geführt. Jedem Kanton stand ein Ritterhauptmann vor.

Reichsstädte und Reichsdörfer

Zu der großen Vielfalt und Zahl an Gemeinwesen, die Mitglieder des Reiches waren, gehörten auch die reichsunmittelbaren Stadtrepubliken und die nur dem Kaiser unterstellten Reichsdörfer. Die Zahl der Reichsstädte veränderte sich während der 320 hier behandelten Jahre, d. h., sie verringerte sich bis 1648 laufend. Nach dem Dreißigjährigen Krieg gab es noch 51 solcher Reichsstädte. Allen war gemeinsam, dass sie keinem Landesherrn unterstanden, sondern nur Kaiser und Reich. Sie befanden sich somit verfassungsrechtlich als Stadtstaaten auf gleicher Ebene wie die anderen Reichsterritorien. Diese unabhängigen Stadtrepubliken hatten endgültig seit 1648 Sitz und Stimme auf dem Reichstag, gehörten dort zum Städtekollegium, das aus zwei Gremien, der rheinischen und schwäbischen Bank, bestand.

Hatten alle Reichsstädte verfassungsrechtlich die gleiche Position, so besaßen sie natürlich je nach Größe und wirtschaftlicher Potenz ein sehr unterschiedliches Gewicht. Die größte Reichsstadt war Hamburg, dessen Reichsstadtstatus allerdings noch bis ins 18. Jahrhundert hinein umstritten war. Die Hansestadt Hamburg zählte im Jahr 1760 immerhin etwa 97 000 Einwohner. Dazu kamen noch 25 000 Untertanen der Stadt, die in den von dieser beherrschten ländlichen Gebieten wohnten. Auf dem anderen Ende der Skala der Reichsstädte standen die sehr kleinen Stadtrepubliken im Schwäbischen Kreis wie Buchau mit 860 und Buchhorn mit 800 Einwohnern. Die Reichsstädte, die ähnlich wie die geistlichen Territorien auf den Schutz durch die Reichsfriedensordnung angewiesen waren, gehörten ebenso wie Letztere zu den besonderen Stützen des Heiligen Römischen Reiches und leisteten überproportional große Abgaben. Diese trugen zu deren hohen Verschuldung im 18. Jahrhundert bei. Nach dem Dreißigjährigen Krieg verloren die Reichsstädte, abgesehen von Hamburg, stark an Bedeutung. Kannten etwa Reichsstädte wie Nürnberg und Augsburg im 15. und 16. Jahrhundert besondere Blütezeiten, so litten sie ähnlich den anderen Reichsstädten in der zweiten Hälfte des 17. Jahrhunderts und im 18. Jahrhundert an den Folgen des Dreißigjährigen Krieges und unter den merkantilistischen Maßnahmen der größeren Territorien. Trotzdem blieben viele Reichsstädte wichtige Gewerbe-, Handels- und Bankzentren sowie bedeutende Stätten der Kultur.

Neben den Reichsstädten gab es noch Reichsdörfer, die als Reste des Reichsgutes direkt dem Kaiser unterstanden, aber bis 1648 mehr und mehr von anderen Landesherren einverleibt wurden. Nach 1648 blieben nur einige Reichsdörfer im schwäbischen und fränkischen Raum, wie z. B. Gochsheim bei Schweinfurt, übrig, die bis Anfang des 19. Jahrhunderts reichsunmittelbar blieben. Die im Elsass noch bestehenden Reichsdörfer wurden von Frankreich einverleibt. Wegen ihrer geringen Größe hatten die Reichsdörfer wenig Gewicht und weder Sitz noch Stimme auf dem Reichstag.

4
Gemeinsame Institutionen

Kaisertum

Die Kaiser und ihre Kompetenzen

Trotz seiner stark föderativen Struktur und der immer mehr zunehmenden Unabhängigkeit der größeren Reichsmitglieder hatte das Heilige Römische Reich bis zuletzt ein monarchisches Oberhaupt, den von den Kurfürsten jeweils gewählten Kaiser. Diese stammten in der Zeit von 1486 bis 1806 mit einer Ausnahme (Karl VII., 1742–1745, aus dem Hause Wittelsbach) und einer halben Ausnahme (Franz I. Stephan von Lothringen, Gatte der Habsburgerin Maria Theresia) alle aus dem Hause Habsburg oder Lothringen-Habsburg. Da sie somit, abgesehen von den zwei zitierten Reichsoberhäuptern, immer gleichzeitig Landesherr der habsburgischen Territorien waren, besaßen sie als solche eine bedeutende Macht im Reich und in Europa.

Der Kaiser hatte im Prinzip drei Funktionen im Reich, d. h., er war der höchste Repräsentant, der oberste Richter und der höchste Lehnsherr des Heiligen Römischen Reiches. Nach Auffassung der damaligen Staatsrechtler verkörperte er zusammen mit der Gesamtheit der Reichsstände die volle Souveränität. Im Gegensatz zum französischen König der Zeit war die Souveränität des Reichsoberhauptes, d. h. sein Handlungsspielraum im gesamten Imperium durch die Mitbestimmung der Reichsstände in allen wichtigen, das Reich betreffenden Fragen eingeschränkt.

Als Oberhaupt des altehrwürdigen Reiches, als Nachfolger der weströmischen Imperatoren und Karls des Großen, als Nachfahre des im Mittelalter jeweils vom Papst,

Gemeinsame Institutionen

dem Oberhaupt der westlichen Christenheit, gekrönten Imperators galt der Kaiser angesichts universaler Ansprüche und Traditionen auch noch in der Neuzeit als der »erste und vornehmste Potentat« des Abendlandes, und theoretisch und im internationalen Zeremoniell wurde er weiterhin als »das weltliche Haupt, der oberste Vogt, Schutzherr und Schirmherr der ganzen Christenheit« bezeichnet bzw. anerkannt. Dies garantierte ihm bzw. seinen Botschaftern bei entsprechenden Zusammenkünften einen Vorrang.

Trotz dieser hohen Würden wurde die Regierungsgewalt des Kaisers im Reich zunehmend eingeschränkt. Allerdings verfolgten, wie angedeutet, Karl V. oder Ferdinand II. auf dem jeweiligen Höhepunkt ihrer Macht relativ ausgeprägte Tendenzen, das Reichssystem stärker zu zentralisieren. Die Rechte und Kompetenzen des jeweiligen Kaisers wurden begrenzt und die der Kurfürsten und anderer Reichsstände garantiert durch die seit 1519 vor der Wahl Karls V. zum ersten Mal zusammengestellten Wahlkapitulationen, die bei jeder Neuwahl erweitert wurden und von jedem neuen Reichsoberhaupt vor der Krönung zu beschwören waren. Es gibt Historiker, die hier von einem Eid auf eine Art Grundgesetz sprechen, das die »teutsche Libertät« der Partikulargewalten sicherte.

So gab es Rechte und Kompetenzen des Kaisers, die er nur mit Zustimmung der Reichsstände und im Zusammenwirken mit ihnen wahrnehmen konnte. Sie wurden im 18. Jahrhundert meist als Comitialrechte (*comitialia jura*) bezeichnet. Zum Zweiten besaß das Reichsoberhaupt Reservatrechte (*caesarea reservata jura*), die er unabhängig und in eigener Kompetenz ausübte. Diese Rechte wurden allerdings im Laufe der gut 300 Jahre, die das neuzeitliche Alte Reich bestand, mehr und mehr beschnitten.

Bei den Comitialrechten, d. h. den Regierungsmaßnahmen, die das ganze Reich betrafen, war der Kaiser an die Zustimmung der Kurfürsten und des Reichstages gebunden. Das galt für die Erhebung von Reichssteuern ebenso wie für übergreifende Gesetze zur Wirtschafts- und Zollpolitik, für die gemeinsame Außenpolitik, besonders die Erklärung von Reichskriegen und den Abschluss von Reichsfriedensverträgen, für die Regelung übergreifender gemeinsamer Rechts- und Religionsfragen etc.

Über eine weitgehende Unabhängigkeit und Entscheidungsfreiheit konnte sich der Kaiser nur bei der Ausübung seiner Reservatrechte erfreuen. Dies galt für das Recht der Standeserhöhung, der Legitimierung, der Erteilung von Dispensen und Privilegien und mancher höchstrichterlicher Kompetenz. Ein wichtiges Gebiet der kaiserlichen Reservatrechte war die Funktion des Kaisers als oberster Richter, die er im Prinzip und in der Theorie im Reich ähnlich wie der französische König in Frankreich innehatte. In der Praxis waren diese Kompetenzen des Reichsoberhauptes in der frühen Neuzeit jedoch schon sehr stark eingeschränkt, sein Einfluss auf das eine der zwei höchsten Reichsgerichte, d. h. das stark reichsständisch bestimmte Reichskammergericht, blieb relativ gering. Aber selbst im Reichshofrat, dem anderen obersten Gericht, das am Sitz des Kaisers tagte, konnte dieser zwar Einfluss nehmen, aber letztlich weniger als der französische König zur Zeit des »Absolutismus« bei den höchsten französischen Gerichten, den Parlamenten. Immerhin hatte der Kaiser als oberster Richter des Reiches das Recht, den Vorsitzenden Kammerrichter und die Senatspräsidenten des Reichskammergerichts sowie die Richter des Reichshofrates zu ernennen.

Dies bot ihm die Möglichkeit, ihm genehme Richter auszuwählen sowie Adlige und Juristen zu befördern, die sich um die Monarchie verdient gemacht hatten. Wichtig war für den Kaiser die Möglichkeit, auch die Ächtung von Reichsfürsten zu betreiben, die in der frühen Neuzeit mehrmals durchgeführt wurde. Hier kam die Funktion des Reichsoberhauptes als oberster Richter, aber auch die als höchster Lehnsherr, von der im nächsten Kapitel zu sprechen sein wird, zum Tragen. Zu den Obliegenheiten des obersten Richters zählte schließlich auch das Recht der Begnadigung und das der Exekution der Reichsgerichtsbarkeit, ein Recht und eine Pflicht, die er sich jedoch mit den noch zu behandelnden Reichskreisen teilte.

Wichtige, allerdings im Laufe der Zeit immer geringer werdende Rechte erwuchsen dem Kaiser aus seiner Position des höchsten Lehnsherrn des Reiches. Diese Position gab dem Reichsoberhaupt, allerdings nur wenn die politische und militärische Macht entsprechend groß war, sogar die Möglichkeit, Reichsstände, ja, Kurfürsten zu ächten und abzusetzen und die Kur an andere Fürsten zu übertragen. Ein besonders Aufsehen erregender Fall war die Ächtung des Kurfürsten Johann Friedrich von Sachsen (1532–1547) im Schmalkaldischen Krieg durch Karl V. und die Übertragung der sächsischen Kur an dessen Vetter, den Herzog Moritz von Sachsen. Von da an blieb die ursprünglich bei der ernestinischen Linie der Wettiner angesiedelte Kur bis zum Ende des Reiches bei der albertinischen. Als einschneidend erwies sich auch die Ächtung Friedrichs V. von der Pfalz, der sich gegen Ferdinand II. zum »Winterkönig« in Böhmen aufgeschwungen hatte, und die 1623 öffentlich vorgenommene Übertragung der Kur an Maximilian I. von Bayern. Zum letzten Mal erklärte dann Kaiser Joseph I. 1706 die Acht über Max II. Emanuel von Bayern und übertrug die ursprünglich pfälzische Kur an Johann Wilhelm von der Pfalz. Diese selbstherrliche Maßnahme wurde allerdings 1714/17 rückgängig gemacht. Von nun an setzten Kurfürsten und Reichsstände auch in diesem Bereich dem Reichsoberhaupt enge Grenzen.

Reichslehenswesen

Während sich in Frankreich und in anderen Monarchien Europas die Bedeutung des Lehenswesens im 17. und 18. Jahrhundert stark verringerte, konnten sich im Reich angesichts seiner konservativen, teilweise sogar archaischen Verfassung die lehensrechtlichen Strukturen vom 15. bis zum Ende des 18. Jahrhunderts relativ gut erhalten. Sie blieben sogar, wie die Forschungen von Jean-François Noël zeigen, bis zur Auflösung des Heiligen Römischen Reiches ein wichtiges Element der Reichsverfassung.

Es war nämlich nicht nur bei den kleinen und mittleren, sondern auch bei den mächtigen reichsständischen Vasallen, wie etwa Kursachsen, Kurbayern oder Kurmainz, im 16., 17. und 18. Jahrhundert die Regel, vom Kaiser als dem obersten Lehensherrn das jeweilige Territorium zu requirieren (zu erbitten), und das geschah bei jedem Wechsel der Person des Reichsoberhauptes oder der Person des fürstlichen Vasallen. Diese erbaten die Lehensübertragung durch eine eigenhändig unterschriebene »Mutung« beim Reichshofrat. In der zweiten Hälfte des 18. Jahrhunderts unterließ es das den Kaiser stellende Erzhaus Österreich, seine Hauptlehen zu muten. Aber abgesehen von diesem, wegen seiner Verflechtung mit dem Kaisertum speziellen Fall, muss »die Regelmäßigkeit hervorgehoben werden, mit der die übrigen reichsständischen Vasallen ihre Mutungspflicht erfüllten« (Noël).

Man darf zwar die Bedeutung dieser förmlichen und theoretischen Mutungsschreiben nicht überschätzen, sie spielten jedoch bei den kleinen, mittleren und sogar den größten Reichsständen eine Rolle, da diese hier ausdrücklich die Grenzen ihrer Souveränität offiziell bestätigten. Dass dieses Lehenswesen noch im 18. Jahrhundert durchaus einen reellen Faktor im Reich darstellte, zeigt das Beispiel der recht wichtigen Kurfürsten Max Emanuel von Bayern und Joseph Clemens in Köln, die sich sehr intensiv bemühten, nach ihrer Ächtung, die 1706 erfolgt war, und nach der durch die Friedensverträge von 1714 festgelegten Restituierung aller ihrer Territorien auch vom Kaiser wieder offiziell die lehensrechtliche Investitur zu erreichen. Obwohl Max Emanuel nach seiner Rückkehr aus dem französischen Exil ab 1714 wieder sein Kurfürstentum Bayern regierte, richtete er viele Schreiben an Kaiser Karl VI. nach Wien, um die Re-Investitur zu erbitten. Aber das Reichsoberhaupt ließ ihn zappeln und behandelte die Angelegenheit des ehemaligen Kriegsgegners hinhaltend. Um sein Anliegen dennoch voranzutreiben, bot Max Emanuel bayerische Soldaten für den Türkenfeldzug in Ungarn an und ließ Schmiergelder in Wien zahlen. Trotzdem dauerte es noch bis zum 19. Mai 1717, also weit mehr als zwei Jahre nach der Rückkehr des bayerischen Kurfürsten in seine Erblande nach dem Spanischen Erbfolgekrieg, bis er endlich die Re-Investitur durch den Kaiser erteilt bekam.

Selbst das seit 1740 schon weitgehend aus dem Reich hinausgewachsene Brandenburg-Preußen, dessen König Friedrich II. am Anfang des Österreichischen Erbfolgekrieges (1740–1748) und des Siebenjährigen Krieges (1756–1763) jeweils den Landfrieden des Reiches gebrochen hatte und gegen Österreich Krieg führte, respektierte nach dem allgemeinen Friedensschluss (1763) das Reichslehenswesen und bekannte dadurch ausdrücklich die Schranken seiner Souveränität. Er erfüllte nämlich 1766 seine Mutungspflicht. In seinem Mutungsschreiben von 1766 heißt es, er erinnere sich »derjenigen Obliegenheit«, für sein Kurfürstentum und seine Fürstentümer »binnen Rechtsbehöriger Zeit wegen all solcher Teutschen Reichs-Lehen, und Reichs-lehnbaren Hohen Jurium die geziemende Muthung zu thun«. Friedrich erklärte: »Hiernächst sind Seine Königliche Majestät in Preußen als Churfürst zu Brandenburg etc., nicht weniger bereit allem dem vom die Reichs-Lehen-Rechte Sie verbinden, ein völliges Genüge zu leisten, und nach Beybringung sämtlicher Lehens-Erfordernisse um die wünschliche Belehnung [...] gebührend ansuchen und solche empfangen zu lassen.«

Die Mutung, d. h. das Begehren des Lehens, wurde im Allgemeinen bis zum Ende des Reiches beim Reichshofrat eingereicht. Für die dann nach Lehnsrecht zu vollziehende förmliche Belehnung bedeutete das schwache Kaisertum des Wittelsbachers Karls VII. (1742–1745) einen wichtigen Einschnitt. Erfolgte die Belehnung bis zum Tod Kaiser Karls VI. im Oktober 1740 in den meisten Fällen, so unterließen es zumindest von 1740 bis 1745 die größeren Reichsstände, die förmliche Belehnung entgegenzunehmen. In der Zeit der Nachfolger Karls VII. kamen im Allgemeinen nur noch die kleinen weltlichen Reichsstände, aber auch die geistlichen Territorien dieser lehensrechtlichen Verpflichtung nach.

Im Heiligen Römischen Reich kannte man zwei Arten von Lehen, das Thronlehen und das Reichshofratslehen. Beim Thronlehen nahm der Kaiser persönlich, auf dem Thron sitzend, den Belehnungsakt vor. Trat früher der Vasall selbst an, so ließ er sich im späten 17. und im 18. Jahrhundert meist durch Gesandte vertreten. Trotzdem erfolgten diese Belehnungen, ob persönlich in Empfang genommen oder durch Gesandte, mit großem Pomp, feierlichem Zeremoniell, zahlreichem Gefolge in sechsspännigen Karossen. Im oben erwähnten Fall der Re-Investitur des bayerischen Kurfürsten Max Emanuel von 1717 wurde dieser durch den Grafen Seinsheim und den bayerischen Gesandten in Wien, Freiherr von Mörmann, vertreten. Handelte es sich bei den Thronlehen im Allgemeinen um die großen, vornehmen Fürstentümer des Reiches, so bei den Reichshofratslehen um die kleinen, weniger bedeutenden.

Bei den Reichshofratslehen fand die Verleihung in sehr schlichter Form im Ratszimmer statt. Zunächst hatte der Vasall oder der Bevollmächtigte den Treueid zu leisten.

Hierauf trug man diesen Vorgang im *Protocollum Rerum Resolutarum* des Reichshofamtes ein, bevor dann die Reichskanzlei den Lehensbrief ausstellte.

An sich passte dieses relativ ausgeprägte frühneuzeitliche Lehenswesen des Heiligen Römischen Reiches nicht mehr so recht in die Epoche des »Absolutismus« und in die Entwicklung moderner Staatlichkeit, aber im Alten Reich blieb die Mutung und die Investitur keine reine Formsache oder bangloses Überbleibsel aus dem Mittelalter. Vielmehr bildete das Lehenswesen durchaus eine reale Angelegenheit, die sich auch finanziell bemerkbar machte, und dies sogar noch im 18. Jahrhundert. So zahlten, um ein paar konkrete Beispiele zu nennen, das Herzogtum Braunschweig-Wolfenbüttel oder das Herzogtum Württemberg im 18. Jahrhundert jeweils 40 000 Florin (Gulden) Laudemien (Abgaben bei Besitzwechsel). Im Jahr 1745 entrichtete sogar Friedrich II. von Preußen, an den aufgrund einer Anwartschaft nach dem Aussterben des Fürstenhauses Cirksena Ostfriesland fiel, für dieses Fürstentum die entsprechende Lehnsabgabe, d. h. ein Laudemium von 10 000 Florin. Als 1777 die bayerischen Wittelsbacher ausstarben, zahlte der neue Kurfürst von Pfalzbayern Karl Theodor (1742/1777–1799) Taxgelder von 108 000 Florin. Im Jahre 1754 entrichteten außerdem der schwedische König für das in Personalunion regierte Reichsterritorium Schwedisch-Pommern und der Herzog von Savoyen 1755 für sein Herzogtum Savoyen Lehensgebühren von 20 000 bzw. 85 000 Florin. Letzteres Territorium gehörte wie das so genannten Reichsitalien noch im 18. Jahrhundert locker zum Lehensverband des Reiches, so dass für diesen Teil Italiens formal der Reichshofrat zuständig war. Zu diesem Reichsitalien gehörten Dória, Finále, Mailand, Mantua, Módena, Parma, Piemont und Toskana.

Trotz seiner eingeschränkten Machtfülle genoss der Kaiser als Reichsoberhaupt im ganzen Reich, besonders

Leopold II. im Krönungsornat unter einer Ehrenplatz-Allegorie der Huldigung. Im Hintergrund Frankfurter Bürger und Stadtsilhouette, Gedächtnisblatt von I. C. Berndt zur Krönung Leopolds II. am 9. 10. 1790

aber in den geistlichen Staaten, den kleinen Territorien und den Reichsstädten großes Ansehen. Deshalb beteten auch die Gläubigen in den katholischen und protestantischen Kirchen regelmäßig für ihn. Außerdem errichteten alle Reichsklöster, viele landständische Klöster und zahlreiche Fürstbischöfe in ihren Residenzen prächtige Kaisersäle. Man denke nur an den der Würzburger Residenz. Diese Kaisersäle, die hier und da den Oberhäuptern des Reiches als Repräsentationssäle auf ihren Reisen, besonders auf der zur Kaiserkrönung, dienten, waren vor allem symbolische Räume, welche den Reichspatriotismus der Erbauer aufzeigen sollten.

Krönung

Zu den im ganzen Reich Aufsehen erregenden, zentralen Ereignissen und Festen gehörten die jeweilige Wahl und Krönung der Reichsoberhäupter. Die Wahl fand immer gemäß den Bestimmungen der Goldenen Bulle in der Seitenkapelle (Konklave) der Frankfurter St. Bartholomäuskirche, auch Dom genannt, statt. Demgegenüber erfolgte die feierliche Krönung in verschiedenen Kirchen, am häufigsten im Frankfurter Dom. Nachdem Friedrich III., Maximilian I., Karl V. und als Letzter Ferdinand I. noch in der mittelalterlichen Krönungsstätte, der Aachener Pfalzkapelle, gekrönt worden waren, in der immerhin 31 Herrschern die Krone aufgesetzt wurde, geschah dies ab 1562 meist in Frankfurt. Als Krönungskirche dienten ferner der Dom zu Regensburg (1575 Rudolf II., 1636 Ferdinand III.) und der Dom zu Augsburg (1690 Joseph I.).

Die Kaiserkrönung in Frankfurt gestaltete sich immer mehr zu einem Massenereignis, das Zehntausende von Menschen anzog. Man konnte leibhaftige Kurfürsten im Kurhabit mit dem Kurhut auf dem Kopf, umgeben von Adeligen, Soldaten, Musikkorps, aber vor allem auch den Kaiser und die Reichskleinodien vorbeireiten bzw. -ziehen sehen und an zahlreichen Belustigungen bei kostenlos ausgeschenktem Wein und vielem anderen teilnehmen. Besonders prächtig und aufwendig ging es bei der Krönung des schwachen Wittelsbacher Kaisers Karl VII. zu. An dem Zug vom Römer (Rathaus der freien Reichsstadt Frankfurt) zur St. Bartholomäuskirche nahmen mindestens 18 000 Personen teil. Von Aachen und Nürnberg waren vorher im feierlichen Geleitzug die von allen verehrten Reichskleinodien einschließlich der edelsteinbesetzten Reichskrone mit Kreuz und Bügel herbeigebracht worden. Die Krönung, die in ein katholisches Pontifikalamt eingebunden war und deren Ordo auf das Jahr 962 zurückging, wurde im Dom in Anwesenheit einer auserwählten Gesellschaft von Kurfürsten und ihren Gesandten, Wahlbotschaftern, Fürsten, Grafen, Adeligen, Stadtmagistratsvertretern, Botschaftern und Gesandten vollzogen. Der konsekrierende Erzbischof und Kurfürst, meist der von Mainz, setzte dann dem neuen Reichsoberhaupt zusammen mit den beiden anderen geistlichen Kurfürsten die Krone aufs Haupt, die jeder zum Kaiser gewählte Monarch nur am Krönungstag trug. Sie stellte ein Symbol der Kontinuität des altehrwürdigen Reiches dar. Allein in der hier zu behandelnden Zeit hatten dreizehn Kaiser diese Krone bei der Krönungszeremonie getragen. War die eigentliche Krönung wegen des beschränkten Raumes in der immerhin recht großen St. Bartholomäuskirche die Angelegenheit eines auserwählten Personenkreises, so kamen die Volksmassen beim Zug des Kaisers von der Kirche zum Römer und beim Vollzug der traditionellen Funktionen der Reichserzämter auf dem Platz vor dem Römer ganz auf ihre Kosten.

Besonders eindrucksvoll war für die Zuschauer der feierliche Zug des Kaisers nach der Krönung. Unter Glockengeläut und Kanonendonner bewegte sich dieser nämlich auf einer extra aus Brettern gebildeten, erhöhten, mit Tüchern ausgelegten Triumphstraße zum Rathaus. Die Gesandten sowie die Erbbeamten zogen mit dem Reichsapfel, dem Zepter und dem Reichsschwert vor dem Reichsoberhaupt einher. Dann schritt der Kaiser mit der berühmten Reichskrone auf dem Haupt unter einem von zehn Frankfurter Ratsmitgliedern getragenen Himmel, geziert vom Reichsadler. Zwei Kurfürsten im Kurhabit folgten links und rechts hinter dem Kaiser und hielten die Enden des Krönungsmantels. Diese Krönungszeremonien, die Umzüge und Belustigungen gehörten zu den wichtigsten Ereignissen des Alten Reiches. Sie wurden im Allgemeinen sehr ernst genommen, wenn es auch im späten 18. Jahrhundert schon recht spöttische Stimmen gab, die mit dieser geistigen Welt nicht mehr viel anfangen konnten.

Während der viel zitierte Aufklärer Ritter von Lang 1790 in seinen Memoiren von einem »Fastnachtsspiel einer solchen in ihren verrissenen Fetzen prangenden Kaiserkrönung« sprach, schrieb im gleichen Jahr der junge Metternich: »Die Krönung eines römischen Kaisers zu Frankfurt war gewiß eines der erhabensten und gleichzeitig prachtvollsten Schauspiele, welche die Welt gesehen. Alles bis zu den geringsten Einzelheiten sprach zum Geiste und zum Herzen, ebenso durch die Macht der Überlieferung, wie durch die Vereinigung von so viel Herrlichkeit.«

Mainzer Reichserzkanzler

Es spricht für die Rechts- und Friedensordnung des Heiligen Römischen Reiches und den dort geltenden Grundsatz »Recht vor Macht«, dass der Kurfürst und Erzbischof von Mainz trotz seiner relativ geringen materiellen Machtmittel eine zentrale verfassungsrechtliche Bedeutung und dadurch die Position des zweiten Mannes im Reich einnahm. Trotz dieser wichtigen Stellung war sein Kurstaat, über den er als Landesherr regierte, im Vergleich zu den großen weltlichen Territorien des Reiches recht klein. Hatten Kurbayern am Ende des 18. Jahrhunderts 1,2 Millionen, Kursachsen 1,5 Millionen Einwohner, die Territorien des preußischen Königs rund 6 Millionen und die der Habsburger Erbländer im Heiligen Römischen Reich etwa 8 Millionen Untertanen, so herrschte der Mainzer Kurfürst nur über 303 500 Menschen. Das kurmainzische Gebiet stellte kein zusammenhängendes, arrondiertes Territorium dar, sondern es bestand aus weit auseinander liegenden Länderkomplexen. Die Einkünfte des Kurstaates waren im Vergleich zu denen der mittleren und größeren Staaten des Reiches relativ gering, die Truppenmacht war recht klein.

Trotzdem besaß der Mainzer Kurfürst und Erzbischof,

der Metropolit der damals größten deutschen Kirchenprovinz, wie die damaligen Staatsrechtler, etwa Johann Jacob Moser oder Johann Richard Roth, im 18. Jahrhundert hervorhoben, als Reichserzkanzler für Germanien eine Fülle wichtiger Funktionen im Reichssystem.

Unter den vielen in den staatsrechtlichen Werken aufgeführten Funktionen seien hier nur die wichtigsten behandelt. Von zentraler Bedeutung war erstens seine Aufgabe, beim Tod des jeweiligen Reichsoberhauptes die Kaiser- oder Königswahl zu leiten. Moser schrieb dazu in seinem *Churfürstlich-Maynzischen Staats-Recht* vom Jahr 1755: »Wann der Kayserliche Thron erledigt wird, muß es gleich Chur-Maynz berichtet werden. Der Churfürst berufft sodann Seine übrigen Mit-Churfürsten zur Wahl und setzt den Termin an, wann, auch wo, Sie oder Ihre Gesandte erscheinen sollen.«

Eine weitere wichtige Obliegenheit des Mainzer Kurfürsten war zweitens die Ernennung des Personals der Reichshofkanzlei, die am Sitz des Kaisers, somit im Allgemeinen in Wien, arbeitete. In dieser Reichshofkanzlei fertigte man alle Schreiben aus, die der Kaiser in seiner Funktion als Reichsoberhaupt wegschickte. Alle diese kaiserlichen Schriftstücke waren vom Reichserzkanzler oder dem von diesem präsentierten Reichsvizekanzler oder deren Vertretern gegenzuzeichnen. Diese Reichskanzlei verwahrte außerdem das kaiserliche Siegel und führte das Reichsarchiv.

Als dritte bedeutende Funktion des Mainzer Kurfürsten sei hier noch auf das Reichstagsdirektorium hingewiesen, eine Art Präsidentschaft dieser Ständeversammlung, die sich seit 1663 im Immerwährenden Reichstag zu einem Staatenhaus, einer Vorgängerinstitution unseres heutigen Bundesrates, entwickelte. Moser betonte dazu: »Es ist schon gemeldet worden, daß Chur-Maynz bey Reichs-Conventen das allgemeine Reichs-Directorium führt; und zwar dieses ganz allein.« Neben diesen drei wichtigen

Funktionen leitete der Mainzer Kurfürst auch das Kollegium der Kurfürsten, hatte das Recht, die beiden höchsten Reichsgerichte, d. h. den kaiserlichen Reichshofrat und das Reichskammergericht zu visitieren, und er hatte, wie Christian August Beck betonte, »die Schutzgerechtigkeit über die Reichspost[en] und andere mehr«.

Neben dem Mainzer Kurfürsten, der als Reichserzkanzler für Germanien als zweiter Mann im Alten Reich fungierte, spielte auch das Kolleg aller Kurfürsten als Gremium der vornehmsten Reichsstände mit besonderen Vorrechten im Reichssystem eine bedeutende Rolle.

Kurfürsten

Bei den Kurfürsten handelte es sich um eine besondere, durch das ausschließliche Recht der Königswahl herausgehobene Gruppe der Reichsstände. Sie bildeten bald ein geschlossenes Kurkolleg, das den anderen Reichsständen gegenüber die »kurfürstliche Präeminenz« (Vorrang vor den anderen Reichsständen) beanspruchte. Außerdem galten sie, wie Axel Gotthard in einer grundlegenden umfangreichen Studie herausarbeitet, als die »Säulen des Reiches«, die »Scharnierstelle (*cardo Imperii*) zwischen Kaiser und Reich«. Deshalb musste das Reichsoberhaupt, das ja immer das Interesse hatte, den ältesten Sohn zum neuen König bzw. Kaiser wählen zu lassen, immer auf die »reichsständische Führungselite«, d. h. die Kurfürsten, Rücksicht nehmen und sich mit ihnen in allen Reichsangelegenheiten absprechen.

Die weltlichen Kurfürsten hatten zudem seit alter Zeit die Reichserzämter inne, die sie im Prinzip bei der Krönung des Reichsoberhauptes ausübten. Obwohl dies in späterer Zeit immer weniger geschah und vielfach die Wahlbotschafter bei der Krönungszeremonie oder nachher auf dem Platz vor dem Römer diese Tätigkeit in Vertretung ihrer Kurfürsten durchführten, war den Kurfürsten der jeweilige Titel Reicherzschenk (Böhmen), Erzmarschall (Sachsen), Erztruchsess (Pfalz, dann Bayern), Erzkämmerer (Brandenburg), Erzschatzmeister (Pfalz und Hannover) in dieser Zeit des Zeremoniells sehr wichtig. Es gab deshalb sogar langjährige Streitigkeiten.

Durch die Goldene Bulle von 1356 wurde die Zahl der Kurfürsten auf sieben begrenzt, d. h., es gab die drei geistlichen Kurfürsten von Mainz, Köln und Trier und die vier weltlichen von Böhmen, der Pfalz, Sachsen und Brandenburg. 1623 übertrug Kaiser Ferdinand II. nach der Ächtung Friedrichs V. die pfälzische Kur dem Herzog Maximilian I. von Bayern. Nachdem der Westfälische Frieden eine achte Kur für den Pfälzer geschaffen hatte, erhielt Braunschweig-Lüneburg 1692 eine neunte Kur als Kurhannover, die allerdings von den Reichsständen erst 1708 anerkannt wurde. Eine Rolle abseits von den anderen Kurfürsten spielte, wie Alexander Begert ausführlich darlegt, die böhmische Kur. Seit den Hussitenkriegen (1419–1436) beteiligte sich nämlich der König von Böhmen nur noch an der Königs- bzw. Kaiserwahl, aber nicht an den sonstigen Tätigkeiten des Kurkollegs. Dies änderte sich erst durch die »Readmission« im Jahr 1708. Seitdem nahm Kurböhmen an den Aktivitäten des Kurkollegs wieder teil. Als 1777 die bayerischen Wittelsbacher ausstarben, führte Pfalz-Bayern nur noch eine Kur. Durch den Reichsdeputationshauptschluss von 1803 wurden schließlich zwei geistliche Kurfürstentümer beseitigt, dafür aber neue Kurwürden geschaffen.

Das Kurkolleg bzw. seine Vertreter versammelten sich nicht nur exklusiv bei der Wahl des Reichsoberhauptes, sondern es bildete seit 1489 auf den Reichstagen und seit 1663 beim Immerwährenden Reichstag die erste Kurie. Nachdem schon im Spätmittelalter Zusammenschlüsse der Kurfürsten existiert hatten, gab sich der Kurverein im Jahr 1558 zum letzten Mal eine neue Satzung, die im Prinzip bis zum Ende des Heiligen Römischen Reiches im Jahr 1806 gültig blieb.

Durch ihr exklusives Wahlrecht, die von ihnen allein ausgehandelten Wahlkapitulationen mit dem Kaiser, durch ihre politische Macht und durch die von ihnen ausgeübte und gemeinsam verteidigte kurfürstliche Präeminenz bestimmten die Kurfürsten als Gremium bzw. Kolleg vor allem bis zum Ende des Dreißigjährigen Krieges die Politik des Reiches entscheidend mit. Als »Säulen des Reiches« trugen sie, wie Gotthard zeigen kann, besonders bis in die 1630er Jahre hinein Verantwortung für das Reichsganze. Allerdings wurde ab 1636 der exklusive Führungsanspruch des Kurkollegs von den anderen Reichsständen bestritten und bekämpft, »bis die traditionellen Bollwerke der kurfürstlichen Präeminenz Mitte der 1680er Jahre planiert waren« (Gotthard).

Bis 1640 gab es noch spezielle Kurfürstentage, die nicht der Wahl des Reichsoberhauptes dienten. Stattdessen sollten wichtige Reichsangelegenheiten beschlossen werden. Nach dem Westfälischen Frieden kamen keine solche »nicht-wählenden Kurfürstentage« mehr zustande, und es erfolgte, wie Gotthard gut herausarbeitet, ein »Niedergang der kurfürstlichen Präeminenz«. Dies bedeutete eine Aufwertung des gesamten Reichstages, dessen erstes und wichtigstes Gremium der Kurfürstenrat allerdings bis 1806 blieb.

Reichstag und andere Reichsversammlungen

Beim Reichstag des Alten Reiches handelte es sich um die Versammlung der Reichsstände, d. h. der stimmberechtigten Reichsmitglieder bzw. ihrer Vertreter. Aus mittelalterlichen Vorgängergremien, wie dem Hoftag, entstand allmählich im späten Mittelalter die Form des frühneuzeitlichen Reichstags. Dabei wurde dieser seit dem Interregnum (1254–1273) eine Versammlung, auf deren Zustimmung der König bzw. Kaiser angewiesen war. Die Aufgliederung des Reichstags in die drei Gremien Kurfürstenrat, Fürstenrat und Reichsstädte bestand seit 1489, wobei die städtische Kurie erst im Westfälischen Frieden endgültig ihr regelmäßiges und allgemeines Stimmrecht anerkannt erhielt. Besaßen zunächst die Reichsstände Personalstimmen, so wandelten sich diese allmählich mit wenigen Ausnahmen zu Voten für ein entsprechendes Territorium um. Während vor 1582 durch Landesteilungen die verschiedenen Teilerben jeweils eine Stimme auf dem Reichstag erhielten, entstanden von diesem Zeitpunkt an durch Teilung keine neuen stimmberechtigten Reichsstände mehr. Andererseits führte der Erbfall verschiedener Territorien mit jeweils festgelegter Stimme zur Anhäufung mehrerer Voten auf der Versammlung in einer Hand.

Die bedeutendste der drei Kurien war der Kurfürstenrat, der, wie Gotthard betont, wegen der geringen Größe auch der handlungsfähigste war. Er wurde von Kurmainz geleitet. Das größte, aber auch heterogenste Gremium stellte der Fürstenrat dar, dem alle übrigen Reichsfürsten und diejenigen Grafen und Herren angehörten, die die Reichsstandschaft innehatten.

Während die Reichsfürsten jeweils Virilstimmen (fürstliche Einzelstimmen) besaßen, hatten die Reichsgrafen und Herren sowie die Reichsprälaten nur Anteile an Kuriatsstimmen (Sammelstimmen). 1801 handelte es sich um 94 Virilstimmen, um vier Kuriatsstimmen von vier Grafenbünden und zwei Kuriatsstimmen, an denen 40 Reichsprälaten teilhatten. Der Graf von Ortenburg teilte sich, um ein Beispiel zu nennen, mit 24 anderen Grafen bzw. mindermächtigen Fürsten das Votum des Wetterauer Grafenkollegiums. Weitere Grafenbänke waren die von Schwaben, Franken und Westfalen. Der Reichsfürstenrat wurde abwechselnd vom Erzstift Salzburg und Erzherzogtum Österreich geleitet.

Die dritte, am wenigsten wichtige Kurie bildete das Reichsstädtekollegium mit zwei Bänken, der rheinischen und der schwäbischen. Es umfasste 1801 genau 37 Reichsstädte. Hier führte die jeweils gastgebende Stadt den Vorsitz.

Für die verfassungsrechtlich so wichtige Institution »Reichstag« bedeutete das Jahr 1663 einen entscheidenden Einschnitt. Versammelte sich der Reichstag nämlich vorher unregelmäßig, einberufen im Allgemeinen vom Kaiser in einer Reichsstadt, so wurde er ab 1663 zum Immerwährenden Reichstag, d. h. zum dauernden Kongress der Reichsständevertreter, der mit zwei Unterbrechungen und Ausnahmen in Augsburg und Frankfurt, immer in der Reichsstadt Regensburg stattfand. Noch heute sind dort im Alten Rathaus der Reichssaal mit den festgelegten Plätzen der Reichsstände und der »langen Bank« sowie die Nebenräume für die Beratung der drei Kurien und der berühmte »runde Tisch« zu besichtigen.

Die Reichstage bis 1654

Vor 1663 gab es 50 Reichstage, die in verschiedenen Städten, meist Reichsstädten wie Worms, Speyer, Frankfurt, Nürnberg, Augsburg oder Regensburg, in Anwesenheit des Kaisers oder seines Vertreters für mehrere Monate stattfanden.

Der Reichstag war lange Zeit mit ähnlichen Problemen konfrontiert wie die heutige EU. Es galt nämlich damals der Grundsatz, dass alle die zustimmen mussten, die von den Beschlüssen betroffen waren und militärisch oder finanziell beitragen sollten. Somit war es umstritten, inwieweit Mehrheitsentscheidungen für alle zwingend gültig waren. Dieses Problem verschärfte sich noch durch die Glaubensspaltung, als die katholische Mehrheit der Reichsstände diese Majorität auszuspielen versuchte und als die neugläubige Minderheit dagegen protestierte und das Mehrheitsprinzip in Glaubensfragen ablehnte (vgl. S. 21 f.). Endgültig wurde diese umstrittene Mehrheitsfrage in Religionsangelegenheiten erst durch den Westfälischen Frieden von 1648 gelöst. Es gab damals zwar verbindliche Mehrheitsbeschlüsse in weltlichen Angelegenheiten, wie etwa die Erklärung des Reichkrieges oder später die Anerkennung der Pragmatischen Sanktion von 1713 durch den Reichstag bei entsprechenden entgegengesetzten Minderheitsvoten, aber bei allen die Religion betreffenden Fragen galt ab 1648 eine andere Regelung. Um nämlich hier eine Majorisierung durch die katholische Reichsständemehrheit (bedingt durch die vielen geistlichen Staaten) zu verhindern, trat der Reichstag immer dann, wenn solche religiösen Fragen zu entscheiden waren – und das war damals oft der Fall –, in zwei konfessionellen Gremien auseinander, das von Kurmainz präsidierte *Corpus Catholicorum* und das von Kursachsen geleitete *Corpus Evangelicorum*. Die beiden Gremien konnten nur einvernehmliche Beschlüsse fassen, mussten sich somit arrangieren und für beide Seiten annehmbare Kompromisse finden. Dieses Verfahren erforderte viele Verhandlungen und verhinderte schnelle Beschlüsse, vermied aber auch die Unterdrückung der anderen Weltanschauung und Konfession auf Reichsebene.

Auch die Arbeitsweise des Reichstages bei den politischen Beschlüssen und bei der Billigung von Reichsgesetzen war relativ kompliziert und auf Kompromissbereitschaft und das Ziel der Einigkeit ausgerichtet. Am Anfang eines Reichstages wurden vor 1663 im Allgemeinen die »Proposition« des Kaisers, also die Gesetzesvorlagen oder Forderungen des Reichsoberhauptes, verlesen, dem in erster Linie die Gesetzesinitiative zustand. Diese Proposition bildete somit eine Art Tagesordnung, deren einzelne Punkte in der Folgezeit von den drei Kurien getrennt beraten wurden. Hierauf stimmten die Kurien jeweils nach Mehrheitsprinzip ab (zum Abstimmungsmodus vgl. S. 78).

Durch die Ratifikation, die der Kaiser durch ein Dekret vollzog, wurde das Reichsgutachten zum Reichsschluss (Beschluss des Kaisers oder *conclusum imperii*). Bis einschließlich dem »jüngsten Reichsabschied« vom 17. Mai 1654 wurden alle während des jeweiligen Reichstages vereinbarten und vom Kaiser ratifizierten Beschlüsse am Ende der Versammlung zusammengefasst, nochmals aufgeführt und als Reichsabschied verkündet. Seit 1663, als der Reichstag permanent wurde, gab es keine Reichsabschiede mehr. Von nun an wurden die Reichsschlüsse als Beschlüsse des Reichstages nur noch durch kaiserliches Dekret verkündet.

Andere Reichsversammlungen

In der früheren Zeit, besonders im 16. Jahrhundert, versammelten sich des Öfteren Reichsdeputationstage. Dort waren nur jeweils wenige Vertreter der drei Reichstagskurien und der zehn Reichskreise anwesend. Dabei wurden, wie Helmut Neuhaus zeigt, bestimmte vorgegebene Fragen im kleineren Kreis diskutiert, vorbereitet und beschlossen. Alle zentralen Probleme blieben aber dem Reichstag vorbehalten. Es gab auch Reichskreistage, wo sich ausgewählte Vertreter der zehn Reichskreise zur Lösung gemeinsamer Probleme trafen.

Durch den Immerwährenden Reichstag wurden alle diese Deputationstage überflüssig. Immerhin blieb die Möglichkeit, für bestimmte Aufgaben »außerordentliche Deputationen« zu schaffen, wie etwa die Reichsdeputation von 1803.

Der Immerwährende Reichstag ab 1663

Wie schon angedeutet, änderte sich der Charakter und die Arbeitsweise des Reichstags durch seine Umwandlung in einen permanent beratenden Gesandtenkongress, der im

	1. Kaiser	2. Reichstag	3. Dritte
Initiative	- durch persönliche »Proposition« - direkt durch Hofdekret - durch den Prinzipalkommissar durch Kommissionsdekret	↓	↓
Wird durch das Mainzer Reichstagsdirektorium zur Debatte zugelassen	»Diktatur« der Antragstexte ↓ **Ansage**		
Beratung getrennt pro Kurie	Kurfürstenrat ↓ Conclusum (Beschluss)	Fürstenrat ↓ Conclusum	Reichsstädtekollegium ↓ Conclusum
Abstimmung und Angleichung	**Conclusum Duorum** (Beschluss der zwei ersten Kurien) **Conclusum Trium** (Beschluss der drei Kurien)		
Ergebnis	Reichsgutachten ↓		
Wird durch Ratifikation des Kaisers	Reichsschluss ↓		
Zusammenfassung, Aneinanderreihung und Verkündung (Promulgation)	Reichsabschied		

Abstimmungsmodus des Reichstages

Allgemeinen im Alten Regensburger Rathaus versammelt war. Da der Kaiser nun nicht mehr selbst erschien, sondern sich durch seinen Prinzipalkommissar repräsentieren ließ, wurde das Mainzer Reichstagsdirektorium aufgewertet. Kurmainz organisierte jetzt, wie Karl Härter sehr schön zeigt, das Reichstagsdirektorium als ständige Behörde, wodurch der Erzkanzler des Reiches seine »verfassungsmäßige Schlüsselposition« ausbauen konnte. Ab 1663 mussten sich demnach alle Gesandten und Legationssekretäre beim Reichstagsdirektorium legitimieren. Im Immerwährenden Reichstag entfiel die frühere Hauptproposition des Kaisers. Neben dem Reichsoberhaupt konnten Kurmainz und auch andere Reichsstände, ja sogar Privatpersonen Beratungspunkte einbringen. Alle Anträge waren dem Direktorium vorzulegen, das diese prüfte, zu den Reichstagsakten legte und durch die »Diktatur«, d. h. durch Übergabe an die Reichsstände bzw. Gesandte, die Beratung ermöglichte. Durch die vom Direktorium hierauf durchgeführte »Ansage« wurde dann die Proposition bzw. der Beratungspunkt den drei Kurien zur Diskussion gestellt.

Auf diese Weise wurden in Regensburg viele Fragen und Probleme langwierig diskutiert und auch manche wichtige Beschlüsse gefasst. Der Immerwährende Reichstag entwickelte sich seit 1663, wie Härter schreibt, »zu der zentralen reichspolitischen ›Clearing‹- und Kontaktstelle im Reichssystem«. Er war demnach »sowohl Nachrichtenbörse und Informationszentrale als auch ein politisches Forum für den Kaiser und die Reichsstände, und zwar vor allem für die vielen mittleren und kleineren Stände, die kein ausgedehntes Gesandtschaftswesen aufbauen konnten. Die Regensburger Versammlung bot die umfangreichste und beständigste Informationsmöglichkeit im Reich und zwar ein Zentrum der politischen deutschen Öffentlichkeit.«

Auch noch in den letzten rund 150 Jahren seines Bestehens übte der Reichstag aber auch eine wichtige Funktion zur Sicherung des Friedens in Mitteleuropa aus. Er hielt nämlich eine Art kollektives Sicherheitssystem aufrecht mit Verteidigung gegen gemeinsame Feinde, zum Beispiel im Kampf gegen die Türken, die das Reich und die Christenheit bedrohten. Zu diesem Zweck bewilligte der Reichstag im Laufe der Zeit bedeutende Geldmittel und beschloss die Aufstellung von beachtlichen gemeinsamen Truppenkontingenten für die Reichskriege im Osten wie im Westen, die immer nur defensiv waren. Außerdem leistete die Reichsversammlung im Bereich des Münz- und Geldwesens, der Justizreform, der Wirtschaftspolitik, der Gesellenordnung und des Sozialwesens, der Ernährung der in Not geratenen Bevölkerung weiter Teile des Reiches trotz aller sich lange hinziehenden Beratungen und vieler Fehlschläge manches Positives. Selbst in den letzten 17 Jahren dieser Versammlung, nämlich in der Revolutions- und Napoleonzeit, spielte der Reichstag, wie Härter zeigt, noch im Bereich der Verfassungs- und Rechtsordnung sowie im wirtschaftlichen und politisch-diplomatischen Geschehen eine nicht zu unterschätzende Rolle. Aber dies gilt nicht nur für den Reichstag, sondern auch für die regionalen Formationen des Reiches, die Reichskreise, die vielfach die Beschlüsse der Reichsversammlung in die Tat umsetzen mussten.

Reichskreise

Die Reichskreise wurden Anfang des 16. Jahrhunderts, wie schon kurz erwähnt, geschaffen, und zwar im Jahr 1500 zunächst sechs und 1512 dann zehn. Geographisch vom Südosten des Reiches ausgehend handelte es sich um den Österreichischen, Bayerischen, Schwäbischen, Fränkischen, Oberrheinischen, Kurrheinischen, ferner den Burgundischen, Niederrhein-Westfälischen im Westen sowie den Niedersächsischen und Obersächsischen im Norden des Reiches. Diesen Reichskreisen kam besonders im Westen, in der Mitte und im Süden des Reiches weitgehend die Rolle von Regionen zu. Der übergroße Obersächsische Kreis zerfiel, um einen Ausdruck von Thomas Nicklas zu gebrauchen, im Wesentlichen in zwei »Hegemonialverbände«, den südlichen von Kursachsen beherrschten mit all den sächsischen Zwergstaaten und den nördlichen von Kurbrandenburg bestimmten. Als die wichtigsten regionalen Einheiten erhielten die Kreise im Laufe der Zeit immer neue, zusätzliche Kompetenzen und Aufgaben. Eine bedeutende Etappe hierfür stellte der Augsburger Reichsabschied von 1555 dar, denn damals erhielten die Reichskreise zu den bisherigen Kompetenzen, wie Sicherung des allgemeinen Landfriedens im Reich, Wahl der Richter des Reichskammergerichts und Vollstreckung der Urteile dieses höchsten Gerichts, Regelung des Münzwesens, viele neue, zusätzliche Aufgaben im Reichsmilitärwesen, im Bereich der allgemeinen Wirtschaft sowie im Steuer- und Polizeiwesen. Aufgrund dieser umfangreichen Kompetenzen entwickelten sich die Kreise jedoch nicht, wie man meinen könnte, in erster Linie zu Reichsprovinzen, sondern zu regionalen »Selbstverwaltungskörperschaften« (Hermann Conrad). Wenn auch alle diese Beschlüsse erst allmählich in die Tat umgesetzt wurden, so brachten sie im Reich in der Folgezeit große Fortschritte in der Finanz- und Militärorganisation sowie im Münzwesen der Kreise und, wie Maximilian Lanzinner schreibt, bei der »Fortentwicklung der supraterritorialen Friedenssicherung«.

Schon im Dreißigjährigen Krieg stieg, wie Ferdinand Magen entgegen anderen Forschungsmeinungen überzeugend zeigen kann, die Bedeutung der Reichskreise, deren Funktionen man im 17. und 18. Jahrhundert ganz allgemein ausweitete. Eine wichtige Rolle spielten die Reichskreise auch bei der Verteidigung des Reiches gegen die türkische Bedrohung in den 60er und 80er Jahren des 17. Jahrhunderts. Allerdings blieben der Niedersächsische und der Obersächsische Kreis damals in vielen Bereichen auf ihrem institutionellen Entwicklungsstand stehen, und es kamen keine Kreisversammlungen mehr zustande. In der Folgezeit gab es Kreise mit wenig Aktivität, wie die sächsischen und die von Habsburg beherrschten Kreise Burgund und Österreich, und noch recht gut funktionierende, wie Niederrhein-Westfalen, Kurrhein, Bayern und mit Einschränkungen Oberrhein. Eine Entwicklung zu ganz besonders lebendigen Regionen kannten im Laufe des 18. Jahrhunderts der Schwäbische und Fränkische Kreis. Dies galt u. a. für die gemeinsame Regelung des Ernährungs-, Wirtschafts- und Sozialwesens, der Zollpolitik und des Straßenbaus.

Die Reichskreise wurden jeweils von einem oder zwei Kreisausschreibenden Fürsten, vielfach einem geistlichen und einem weltlichen (z. B. Salzburg und Bayern im Bayerischen Kreis, Konstanz und Württemberg im Schwäbischen Kreis) geleitet, die zum Teil als Kreisdirektoren auch der jeweiligen Versammlung der Kreisstände, d. h. den Kreistagen, vorstanden. In den süddeutschen Kreisen traten die Kreistage recht oft, im Schwäbischen Kreise praktisch jedes Jahr zusammen. Das jeweilige Kreiskontingent des Reichsheeres wurde vom Kreishauptmann oder -oberst befehligt, während die Finanzen von eigenen Kreiskassen geregelt wurden.

Die Reichskreise hatten für das Reich und den Ablauf der ganzen »Reichsmaschinerie« eine entscheidende Bedeutung, weil sie letztlich die Beschlüsse des Reichstages in die Tat umsetzen mussten. Dies wurde in der früheren Forschung viel zu wenig beachtet und berücksichtigt. Zusammenfassend wären fünf besonders wichtige Funktionen der Reichskreise hervorzuheben. Sie waren erstens die bedeutendsten Organe der Reichsexekutive und -verwaltung. Wegen der föderativen Struktur des Reiches mit seiner recht schwachen Zentrale und seinen immer stärker werdenden Partikulargewalten kam nämlich, wie angedeutet, den Kreisen die Funktion zu, die Reichstagsbeschlüsse in die Tat umzusetzen, so dass die Kreise die Exekutivorgane für die noch verbliebenen überterritorialen Aktivitäten und Obliegenheiten des Reiches darstellten. Sie setzten allerdings die Beschlüsse des Reichstags nicht im Sinne untergeordneter Behörden um, sondern als »Aktion und Beitrag solidarischer Mitglieder der Reichsgemeinschaft«, die sich »über die Ausführung im Kreis erst einig werden mußten und sich letztlich dort die letzte Entscheidung für die praktische und tatsächliche Ausführung vorbehielten« (Peter C. Hartmann). Daher blieben im Endeffekt die Zahlungen der Reichsabgaben vom guten Willen, dem Einsatz und der Durchsetzungskraft der Kreisausschreibenden, also den Kreistag einberufenden und den Kreis leitenden Fürsten und Direktoren, und der positiven Bereitschaft der Kreisstände abhängig. Aber hiermit ist schon die zweite zentrale Funktion der Reichskreise angesprochen: die Erhebung der Reichssteuern. Als wichtigste, jeweils vom Reichstag zu bewilligende Steuern waren die so genannten »Römermonate« (ursprünglich für einen Monat Romzug des Kaisers zu gebende Hilfen) von den Kreisständen einzusammeln. Diese Matrikelsteuern dienten in erster Linie zur Finanzierung des Reichsheeres. Angesichts der föderativen Struktur des Reiches besaßen die Kreisausschreibenden Fürsten auch die Aufgabe, die Bezahlung der seit 1548 regelmäßig zweimal im Jahr zur Finanzierung des Reichskammergerichts erhobenen Kammerzieler (Abgabe der Reichsstände für das Reichskammergericht) zur Koordinierung zu kontrollieren und notfalls einzutreiben.

Als dritte Funktion kam es den Kreisen zu, die entsprechenden Kontingente für das Reichsheer auf der Basis der Wormser Reichsmatrikel von 1521 aufzustellen und auszurüsten. Viertens sollten sie die Aufrechterhaltung des

Landfriedens gewährleisten und die Reichsgerichtsurteile exekutieren und schließlich fünftens überterritorial das Geld- und Münzwesen regeln, wobei jeweils mehrere Kreise, wie etwa Franken, Schwaben und Bayern, größere Währungszonen bildeten.

Neben dem Reichstag und den Reichskreisen kam für die Aufrechterhaltung der Rechts- und Friedensordnung des Reiches den höchsten Reichsgerichten eine entscheidende Rolle zu.

Reichsgerichte

Die beiden höchsten Reichsgerichte waren deshalb als Institutionen des Reiches so wichtig, da sie wesentlich dazu beitrugen, die Reichsfriedensordnung und anerkannte Rechtsordnung zu sichern, die das konfliktarme Zusammenleben der vielen verschiedenartigen kleinen und größeren Territorien und Städte des Reiches garantierte. Diese Rechts- und Friedensordnung ermöglichte es vor allem nach 1648 einer kleinen Reichsabtei wie Ochsenhausen im Schwäbischen Kreis oder einem kleinen Zwergherzogtum Sachsen-Weimar im Obersächsischen Kreis, ohne militärische Macht zu existieren und eine spezielle Kulturentwicklung zu fördern, ohne vom stärkeren Nachbarn erobert oder ausgeplündert zu werden. Gleichzeitig schützten die Reichsgerichte aber auch die Untertanen der verschiedenen Reichsstände, d. h. der Reichsterritorien und Reichsstädte, gegen Willkür und Despotismus. Dies geschah vielfach schon allein durch die Existenz der obersten Reichsgerichte, die angerufen werden konnten, auch wenn sie in der Praxis oft nicht genügend eingriffen. Immerhin schützten sie die Religionsfreiheit auf der Ebene des gesamten Reiches, das Auswanderungsrecht der Untertanen, deren Eigentum, das Briefgeheimnis, und sie wachten über ein geordnetes Gerichtsverfahren der Territorien. Karl Otmar von Aretin schreibt dazu: »Die obersten Reichsgerichte galten als Refugium für alle, die sich von ihrer Obrigkeit bedrängt fühlten. Zu den Grundrechten, bei deren Verletzung die obersten Reichsgerichte angerufen werden konnten, gehörte die ordentliche, in verschiedenen Instanzen eingeteilte Gerichtsbarkeit, die Freiheit, den Inhaber der Landeshoheit vor den Austrägalgerichten (Schiedsgerichten) oder den höchsten Reichsgerichten verklagen zu können, und der Schutz der Bürger in Ansehung ihrer Person und ihrer Güter.«

Die höchsten Reichsgerichte sind somit als oberstes gerichtliches Refugium für die Untertanen, die Landstände und die Reichsstände nicht zu unterschätzen. Obwohl das den Kurfürsten und im Laufe der Jahrhunderte immer mehr Reichsständen zustehende *privilegium de non appellando* (Verbot, sich nach Urteilen der obersten Gerichte des jeweiligen Territoriums an die Reichsgerichte zu wenden), dem entgegenzustehen schien, gab es bestimmte Umstände, unter denen auch trotz des Privilegiums des entsprechenden Landesherrn ein Reichsgericht angerufen werden konnte: bei behaupteter Justizverweigerung und unheilbarer Nichtigkeit eines Urteils. Immerhin machte diese Art von Klagen etwa 60 % der Fälle bei den Reichsgerichten aus. Interessanterweise wurden Klagen mittelloser Untertanen oder Inhaftierter bevorzugt behandelt. Allerdings mahlten die Mühlen der Reichsjustiz oft recht langsam. So dauerte es z. B. sechs Jahre, bis der Reichshofrat die Entlassung des vom württembergischen Herzog in strenger Haft gehaltenen Staatsrechtlers Johann Jacob Moser erzwang. Bei Fragen um die authentische Interpretation eines Reichsgesetzes stand den Reichsständen der Einspruch offen. In diesem Fall interpretierte die Legislative selbst gültig ihre eigenen Gesetze. Außerdem konnte bei religiösen Fragen beim Reichstag Berufung eingelegt werden.

Es gab zwei höchste Reichsgerichte, das Reichskammergericht und den Reichshofrat. Beide waren im Wesentlichen für den größten Teil bzw. das ganze Reich zuständig. Ihre Kompetenzen überschnitten sich stellenweise, waren also partiell die gleichen.

Reichskammergericht

Im Jahr 1495 in Worms beschlossen und schon gegründet, hatte das Reichskammergericht zunächst seinen Sitz in der Reichsstadt Frankfurt, wurde dann 1527 in die Reichsstadt Speyer und 1689 wegen des pfälzischen Erbfolgekrieges in die von diesem Konflikt verschonte Reichsstadt Wetzlar (im heutigen Hessen) verlegt. Im Prinzip und nach seiner Sollstärke, die in unterschiedlicher Weise erreicht wurde, bestand das Gericht aus dem Reichskammerrichter, der die Leitung innehatte, vier Präsidenten, welche die Senate führten, und 50, später 54 Assessoren. Diesen Richtern standen verschiedene Gerichtsbeamte, angefangen vom Kammergerichtsfiskal über den Fiskaladvokaten, die Kanzleiverwalter, Notare, Lectores, Kopisten bis hin zu den Pedellen, zur Seite. Musste der vom Kaiser ernannte Reichskammerrichter aus dem Fürsten-, Grafen- oder Freiherrenstand sein, so gehörten die übrigen Richter dem Herren-, Ritter- oder Gelehrtenstand an. Wie heute beim Bundesverfassungsgericht, so wurde auch damals bei der Präsentation der Richter ein mühsam ausgeklügeltes Proporzsystem eingehalten. Dabei achtete man seit 1648 besonders auch auf die konfessionelle Parität. Deshalb mussten von den vom Kaiser bestellten vier Präsidenten jeweils zwei katholisch und zwei lutherisch sein, während von den 50 Assessoren 26 katholisch und 24 evangelisch-lutherisch waren. Dabei gingen die Ernennungen nach dem Westfälischen Frieden von 1648 nach folgendem Schlüssel vor sich: Von den 26 katholischen Assessoren bestellten das Reichsoberhaupt zwei, der Österreichische Kreis, der Burgundische und

Gemeinsame Institutionen

der Bayerische Kreis je zwei. Ebenfalls je zwei katholische Assessoren, zusammen somit acht, ernannten die konfessionell gemischten Reichskreise Franken, Schwaben, Oberrhein und Niederrhein-Westfalen, außerdem ebenso je zwei die katholischen Kurfürsten von Mainz, Trier, Köln und Bayern.

Von den 24 evangelischen Assessoren ernannten die Kurfürstentümer Sachsen, Brandenburg und Pfalz je zwei. Dabei blieb es ohne Bedeutung, dass die Kurfürsten von der Pfalz seit 1685 und von Sachsen seit 1697 persönlich katholisch waren. Neun weitere evangelische Assessoren wurden vom Ober- und Niedersächsischen Kreis und nochmals neun von den konfessionell gemischten Kreisen Franken, Schwaben, Oberrhein und Niederrhein-Westfalen präsentiert.

1708, als die Kur für Hannover allgemein anerkannt und als katholisches Gegengewicht die »Readmission« (Wiederzulassung) Böhmens erfolgte, ernannte Kurhannover weitere zwei evangelische und Kurböhmen zwei katholische Assessoren. Es handelte sich somit in erster Linie um ein reichsständisches Gericht, das allerdings unter den wenig positiven Maßnahmen Preußens und Kurhannovers litt und deshalb seit der Mitte des 18. Jahrhunderts stärker in die Abhängigkeit vom Kaiser geriet.

Zur Finanzierung des Reichskammergerichts diente eine ordentliche Reichssteuer, der zweimal im Jahr zu zahlende Kammerzieler, der zwar zum größten Teil einging, aber von einem Teil der Reichsstände nicht entrichtet wurde; dies galt vor allem mehr als 150 Jahre lang für alle vom preußischen König zu zahlenden Kammerzieler, die allerdings, wie ich in einer Studie zeigen kann, Ende des 18. Jahrhunderts alle nachgezahlt wurden.

Das Reichskammergericht, das nach Senaten getrennt seine Sitzungen abhielt, die an bestimmten Tagen öffentlich waren, besaß folgende Kompetenzen: Landfriedensbruch in erster und letzter Instanz, Prozesse gegen

Reichsunmittelbare, Rechtsverweigerung und Rechtsverzögerung, Austräge (Verträge, die zukünftig die Einschaltung von Schiedsgerichten vorsahen), Appellationsangelegenheiten aus den Territorien ohne *privilegium de non appellando* und schließlich bei »behaupteter Justizverweigerung und unheilbarer Nichtigkeit eines Urteils« (Beck).

Während dieses höchste Reichsgericht, bei dem im 18. Jahrhundert jährlich etwa 200 bis 300 Klagen eingingen, seine Urteile streng nach Rechtsbegriffen sprach, verlegte sich das andere oberste Gericht, der Reichshofrat, der im 18. Jahrhundert immerhin 2000 bis 3000 Beschwerdeschriften im Jahr zu bearbeiten hatte, mehr auf die politische Schlichtung.

Reichshofrat

Im Gegensatz zum Reichskammergericht mit seinem ausgeprägt ständischen Charakter hing der Reichshofrat allein vom Kaiser als dem obersten Gerichtsherrn des Reiches ab. Schon 1527 errichtet, wurde er erst 1559 Reichsbehörde und Reichsgericht. Er tagte immer am Sitz des Kaisers, somit mit der Ausnahme des Kaisertums Karls VII. immer in Wien.

Dieses kaiserliche Gericht setzte sich zusammen aus dem Reichshofratspräsidenten, dem Reichsvizekanzler, dem Vizepräsidenten und 18 Räten. Von allen diesen Richtern ernannte nur der Mainzer Reichserzkanzler den Reichsvizekanzler, alle übrigen der Kaiser. Sechs der Räte hatten das evangelische Bekenntnis. Im Prinzip hatten die Richter, die Deutsche sein mussten, vor ihrer Ernennung eine juristische Prüfung abzulegen. Das Kollegium der Hofräte war in eine Herrenbank mit Vertretern des hohen und niederen Adels und eine Gelehrtenbank eingeteilt, die nach der Reichshofrats-Prozessordnung Recht sprachen. Diese Ordnung war der des Kammergerichts zwar ähnlich, aber kürzer und zeitsparender. Wenn es im

Hofrat zu keiner Einigung kam, entschied der Kaiser persönlich.

Der Reichshofrat besaß im Wesentlichen drei Kompetenzen. Erstens war er wie das Reichskammergericht und in Konkurrenz mit diesem zuständig für Strafangelegenheiten der Reichsstände und der anderen Reichsunmittelbaren, auch bei Justizverweigerung. Zweitens befasste sich der Reichshofrat im Gegensatz zum Reichskammergericht als Reichslehenshof mit Fragen der Lehensherrlichkeit, mit Streitigkeiten über die kaiserlichen Privilegien und Reservatrechte. Er konnte ein Veto gegen Reichstagsbeschlüsse erheben, Gesetzesvorschläge einbringen, die Reichsacht verhängen und anderes mehr.

Der dritte Kompetenzbereich, für den nur der Hofrat zuständig war, waren die italienischen Reichsangelegenheiten. In den oben erwähnten, noch als Thronlehen locker mit Kaiser und Reich verbundenen norditalienischen Staaten (vgl. S. 11, 65) besaß der Reichshofrat noch gewisse judikative Funktionen. Dazu kamen mehrere (kleinere) italienische Reichshofratslehen.

Der Reichshofrat war, so schreibt Karl Otmar von Aretin zusammenfassend, »das oberste Adelsgericht, Reichslehenhof und oberstes Verwaltungs- und Verfassungsgericht des Reiches. Er war das Organ des Kaisers als oberster Richter [...]«.

Da der Kaiser hinter den Urteilen dieses Gerichts stand, konnten sie im Allgemeinen besser als die des Reichskammergerichts durchgesetzt wurden. Neben den zwei höchsten Reichsgerichten gab es noch Reichsgerichte unterer Instanzen, wie das Rottweilische Hofgericht und kaiserliche Landgerichte, die jedoch nur eine begrenzte, regionale Bedeutung aufwiesen.

II
Gesellschaft und Wirtschaft

Im Gegensatz zu unserer heutigen Industriegesellschaft handelte es sich in den Jahren von 1486 bis 1806 im Alten Reich um eine überwiegend ländlich-agrarische Gesellschaft. Laut Günther Franz stammten im deutschen Raum noch um 1800 rund 85 % des Sozialproduktes aus der Landwirtschaft, in der etwa 80 % der Bevölkerung tätig waren. Somit bildete die Landwirtschaft in den allermeisten Territorien des Heiligen Römischen Reiches die Basis der Staatswirtschaft und die wichtigste Quelle der Steuereinnahmen.

Für die Einteilung der Bevölkerung werden von der Geschichtswissenschaft verschiedene Begriffe gebraucht. Am besten eignet sich für die sozialgeschichtliche Analyse dieser Gesellschaften, so betonen u. a. Eberhard Weis und Jürgen Kocka, der Begriff »Schicht«. Gemäß dieser Einteilung lässt sich die Gesellschaft des *Ancien Régime*, kurz und etwas vereinfachend ausgedrückt, folgendermaßen charakterisieren: Neben einer zahlenmäßig bei weitem dominierenden ländlich-bäuerlichen Schicht gab es städtische Unter- und Mittelschichten. Über allen diesen breiten Bevölkerungsschichten stand jedoch eine kleine Oberschicht, die als Besitzer von Obereigentum oder Grund und Boden vor allem Nutznießer der Arbeit der abhängigen ländlich-bäuerlichen Bevölkerung war, nämlich der Adel, der Klerus und ein Teil des Bürgertums.

Neben dem betont sozialgeschichtlichen Ausdruck »Schicht« wird im Allgemeinen der Begriff »Stand« gebraucht. Es handelt sich um eine durch rechtliche Merkmale genau abgegrenzte Sozialkategorie, in die man großenteils hineingeboren wurde. Sie sagte aber als »Sonderfall des Schichtbegriffs« nichts über die materielle Lage aus.

Für das Reich wird der Ausdruck »Stände« einerseits für die mit Herrschaftsrechten ausgestatteten Mitglieder des Reiches (Reichsstände) oder eines Kreises (Kreisstände), also für Obrigkeiten, und schließlich für die Landstände (Herrschaftsträger eines Landes) gebraucht. Letztere waren zwar landsässig, besaßen aber in ihren Grundherrschaften Herrschafts- und oft auch Gerichtsrechte über ihre Grunduntertanen. Im weiteren Sinne spricht man auch allgemein von Adels-, Bürger-, Bauernstand, vom geistlichen Stand u. a.

Im Folgenden wird dieser Standesbegriff, der allerdings nur zum Teil für die Analyse der gesamten damaligen Gesellschaft geeignet ist, mit wirtschaftlichen und sozialen Kriterien wie Besitz, Obereigentum, Untereigentum, Einkommen, Hörigkeit usw. kombiniert. In jedem Fall war der wichtigste Stand damals der Adel.

1

Adel

Der Adel erhob sich, wie Diedrich Saalfeld u. a. mit Recht betonen, aufgrund seiner Geburt und seines »durch die Gesellschaftsnormen sanktionierten Anspruches, zur Herrschaft berufen und geboren zu sein«, in der Sozialordnung des neuzeitlichen Alten Reiches über die übrige Bevölkerung. Man schätzt die Zahl der Adeligen im Reich für Ende des 18. Jahrhunderts auf etwa 50 000 Familien oder 250 000 Personen, was etwa 1 % der Gesamtbevölkerung entsprach. Der Adelsstand war jedoch recht heterogen, bestand vielmehr aus verschiedenen Schichten und, sozial und wirtschaftlich gesehen, aus sehr unterschiedlichen Elementen.

Hochadel

An der Spitze des Adels und somit der Gesellschaft des Reiches stand der Hochadel, ganz oben der Kaiser, die kaiserliche Familie, d. h. in den 320 hier behandelten Jahren im Allgemeinen die Mitglieder der Habsburger Dynastie. Es folgten dem Rang nach die Häupter der wichtigsten großen Reichsfürstenhäuser und ihre Familien, die Hohenzollern, Wittelsbacher, Wettiner (Albertiner, von Herzog Albert abstammende Kurlinie), Welfen und sodann die Häuser von Württemberg, Hessen sowie die sächsischen Herrschergeschlechter der ernestinischen (von Kurfürst Ernst abstammenden) Linie der Wettiner.

Ganz allgemein gehörten im Heiligen Römischen Reich bis 1806 die reichsunmittelbaren Adeligen zum Hochadel, deren Haupt die Reichsstandschaft, d. h. Sitz und Stimme auf dem Reichstag, besaß. Es handelte sich dabei vor allem um die Kurfürsten und Reichsfürsten mit ihren Familien – das waren etwa 50 Dynastien –, die über rund 80% der Gebietsfläche und der Reichsbevölkerung herrschten. Als untere Kategorie des Hochadels kam noch ein großer Teil der reichsunmittelbaren Grafen und Herren mit ihren Familien hinzu, und zwar die, welche auf dem Reichstag einen Anteil an einer Kuriatsstimme hatten. Um die nachgeborenen Söhne dieser Reichsgrafen und Herren standesgemäß ohne Beeinträchtigung des oft begrenzten Familienvermögens zu versorgen, strebte man danach, Stellen als hohe Offiziere, Beamte, Diplomaten des Reiches und teilweise auch Preußens zu erringen sowie geistliche Pfründen in der Reichskirche zu erwerben und zu Bischofswürden aufzusteigen.

Nieder- und Briefadel

Unter dem Hochadel stand die Schicht des niederen Adels. Dazu gehörten zunächst als niederer Reichsadel die Reichsritter (vgl. S. 55f.). Sie spielten im Reich eine wichtige Rolle in Reichskirche, Reichsarmee und Reichsverwaltung sowie im Dienst großer Territorien. Für die jüngeren Söhne war man nämlich, ähnlich wie die Reichsgrafen, auf solche Ausweichtätigkeiten und Versorgungsmöglichkeiten angewiesen. Einen besonders augenfälligen, beispielhaften Aufstieg erlebte die Reichsritterfamilie Schönborn, die 1701 in den Reichsgrafenstand erhoben wurde und im 17. und 18. Jahrhundert drei geistliche Kurfürsten und drei Fürstbischöfe stellte. In ähnlicher Weise, aber weniger oft und erfolgreich, besetzten andere katholische Reichsritterdynastien die Domkapitel und Bischofsstühle mehrerer Reichsbistümer und geistliche Kurfürstentümer.

Angesichts dieser Karrieremöglichkeiten waren die Reichsritter im Allgemeinen auf das Wohlwollen und die Förderung durch das Reichsoberhaupt angewiesen und bildeten eine wichtige Klientel des Kaisers im Reich.

Als nächste Adelsschicht sind hier die einem Landesherrn unterworfenen landsässigen Adeligen zu nennen, die überwiegend den Titel eines Freiherrn, manchmal auch eines Grafen trugen oder Ritter waren. Sie bildeten meist auf den entsprechenden Landtagen den ersten bzw. die ersten Stände und spielten in den Territorien als oberste Beamte und Offiziere eine bedeutende Rolle. Ihre wichtige wirtschaftliche Basis bildete aber der Besitz von Grund – bzw. östlich der Elbe Gutsherrschaften. Mit den Grundherrschaften waren entsprechende jährliche Abgaben der Grundholden und Frondienste verbunden, die hier besonders intensiv eingefordert wurden.

Schließlich gehörte noch der Amts- und Briefadel als unterste Schicht zum Adel. Dabei handelte es sich einerseits um bürgerliche Aufsteiger, die aufgrund ihrer Ämter und Verdienste vom Kaiser oder von großen Landesherren geadelt worden waren. Andererseits gab es auch Großkaufleute, die sich wegen ihres bedeutenden Vermögens zur Ruhe gesetzt und sich meist eine Herrschaft und einen Adelsbrief gekauft hatten. Dieser Gruppe gelang es manchmal, durch Standeserhöhungen und Heiratsverbindungen in die Altadelsschicht aufzusteigen. Solche Eheschließungen brachten dort Blutauffrischung, Zuwachs und Geld.

In mehreren Generationen konnten manche ursprüngliche Briefadelsfamilien sogar zu Mitgliedern des Hochadels werden. Beispiele waren hierfür die Fugger und die Thurn und Taxis, die als reiche Kaufleute, Unternehmer und Kreditgeber zunächst geadelt, dann in den niederen Adel und schließlich durch vom Kaiser vorgenommene Standeserhöhungen in den (unteren) Hochadel aufstiegen. Selten erfolgte der Aufstieg von ganz unten nach oben in einer Generation. Immerhin gelang es dem Enkel eines leibeigenen Bauern und Sohn eines Knechts, Korbinian Prielmair (1643–1707), sich in einer Generation zum Freiherrn, Hofmarksherrn und bayerischen Hofkammerpräsidenten (»Finanzminister«) emporzuarbeiten. Diese erstaunliche Karriere war durch den kostenlosen Unterricht des Münchener Jesuitenkollegs möglich, das für den mittellosen Jungen ein Stipendium gewährte und den sehr intelligenten, ungeheuer fleißigen Schüler förderte und in der kurfürstlichen Verwaltung unterbrachte.

Der Adel genoss ganz allgemein zahlreiche Vorrechte und spezielle Privilegien. Ähnliches galt wenigstens zum Teil für die Geistlichkeit.

2
Geistlichkeit

Katholischer Klerus

Der katholische Klerus war recht heterogen und bestand aus verschiedenen Schichten, angefangen vom adeligen Hochklerus über die Prälaten, bürgerlichen Stadtpfarrer bis hin zu den kleinen Pfarrern auf dem Land, den Kaplänen und Frühmessnern.

Von großer Bedeutung für die Struktur der Reichskirche war die Tatsache, dass von 1486 bis 1806 der weitaus größte Teil der Erzbischöfe und Bischöfe aus dem Adel stammte. Sie wurden nämlich von den immer exklusiver adelig werdenden Domkapiteln gewählt. Dabei waren diese geistlichen Würdenträger, die gleichzeitig die Funktion von Landesherren ausübten, zu einem großen Teil aus dem Hochadel, dem Reichsadel oder dem landsässigen Adel. Bis Ende des 17. Jahrhunderts, ja, teilweise noch bis ins 18. Jahrhundert hinein, gab es viele Fürstbischöfe und auch manche geistliche Kurfürsten, die nur die niederen Weihen, also weder die Priester- noch die Bischofsweihe empfingen. Diese Kurfürsten- und Fürstbischofsitze, aber auch die Domherrenstellen, galten nämlich, wie angedeutet, dem Adel als Versorgungsstätten für ihre nachgeborenen Söhne. Diese strebten die Würden deshalb unabhängig von etwaiger geistlicher Berufung vor allem aus politischen und finanziellen Gründen an. So waren z. B. die drei Passauer Fürstbischöfe aus dem Hause Habsburg – Leopold, Leopold Wilhelm und Karl Joseph – zwar fromme Katholiken, aber alle nicht zum Priester, geschweige denn zum Bischof geweiht. Durch Häufung von Reichsbistümern in einer Hand konnten die großen Dynastien wie die Habsburger oder Wittelsbacher, aber auch Reichsadelsfamilien wie die Schönborn, durch Erwerb von geistlichen Territorien die Macht ihres Hauses im Reich vergrößern. Das Kurfürstentum Köln blieb z. B. zusammen mit anderen Hochstiften Nordwestdeutschlands in einer Art Sekundogenitur, also einer Art indirekten Erbfolge der jeweils jüngeren Söhne, von 1583 bis 1761 in der Hand eines bayerischen Wittelsbachers.

Angesichts der engen Verknüpfung der hohen geistlichen Ämter mit landesherrlichen Rechten oder Pfründen führten nicht wenige geistliche Kurfürsten, Fürstbischöfe und Domkapitulare ein recht weltliches Leben und kehrten auch, soweit sie nicht zum Priester geweiht waren und wenn es die Erhaltung der Dynastie erforderte, in den Laienstand zurück. Da sie oft mangels Weihe an der Ausübung ihrer geistlichen Funktionen gehindert blieben, standen ihnen für diese Aufgaben Weihbischöfe zur Seite, die nicht selten aus dem Bürgertum stammten. Diese Struktur der recht unabhängigen Reichskirche, die in vielem gegen die Vorschriften des Trienter Konzils verstieß, war der Kurie und den Päpsten ein Dorn im Auge. Sie konnten sich jedoch gegen die Hochadelsfamilien im Reich nicht durchsetzen. Da die in den österreichischen und böhmischen Erblanden gelegenen Bistümer landsässig waren, nicht zur aristokratischen Reichskirche gehörten, vielmehr nach dem Ermessen der Habsburger besetzt wurden, wirkten dort zwar sehr oft adelige Bischöfe. Es gab aber auch Amtsinhaber aus einfachen Verhältnissen, wie etwa der Wiener Bischof und Bäckersohn Kardinal Melchior Khlesl (1553–1630).

Außer den Reichsbistümern blieben die großen Reichsabteien und -propsteien, die zu den geistlichen Fürstentümern zählten, dem Adel vorbehalten. Demgegenüber hatten die Stifte der Reichsprälaten nur teilweise adelige Konvente. Dies galt vor allem auch für die Frauenabteien. Ein Teil der Reichsprälaten stammte aus dem Bürgertum. Dies galt ebenfalls für die landsässigen Prälatenklöster der Hochstifte, Kurbayerns und der habsburgischen Erblande, wo es wenige adelige Äbte und Pröpste gab. Zum kleineren Teil kamen die Patres und Klostervorsteher auch aus dem Bauerntum, so etwa der Prämonstratenserabt von Steingaden in Oberbayern, der Bauherr der berühmten Wieskirche. Die Prälatenklöster besaßen umfangreichen Grundbesitz in Obereigentum. Mit diesen Grundherrschaften waren Herrschaftsrechte, oft auch die niedere Gerichtsbarkeit verbunden. Lagen die Prälatenklöster auf dem Lande, so standen viele Klöster der Bettelorden (Franziskaner, Kapuziner, Dominikaner) in den Städten, wo sich ebenfalls die Häuser der Schulorden für Mädchen, d. h. der Ursulinen, Englischen Fräulein, Augustiner Chorschwestern u. a., befanden. Bis 1773 hatte jede größere katholische Stadt mit der Zeit auch ein Jesuitenkolleg, das vor allem die Schulbildung der Jungen besorgte. Der Jesuitenorden spielte ferner an den meisten katholischen Universitäten des Reiches eine wichtige Rolle.

Neben den Ordensleuten und unter dem hohen adeligen Klerus standen die Angehörigen der ordentlichen weltlichen Geistlichkeit, d. h. die Stadtpfarrer bis hin zu den kleinen Dorfpfarrern, den Kaplänen, Vikaren, Frühmessnern und Religionslehrern. Dieser niedere Klerus stammte letztlich aus allen Volksschichten und war deshalb im Allgemeinen sehr volksverbunden. Durch den Zölibat konnten keine Pfarrerdynastien entstehen, wie dies bei den verheirateten protestantischen Geistlichen nicht selten der Fall war.

Protestantische Geistlichkeit

Protestantische Fürstbischöfe, die allerdings nur für ihr geistliches Territorium zuständig waren, gab es im 16. und frühen 17. Jahrhundert im Norden des Reiches mehrere (z. B. Halberstadt, Magdeburg), nach 1648 blieb aber nur noch das evangelische Hochstift Lübeck als Relikt übrig, außerdem das Hochstift Osnabrück, wenn gerade aufgrund der Alternation ein Protestant Landesherr war. Diese geistlichen Staaten wurden ebenso wie die katholischen von Adeligen regiert. Ansonsten war der jeweilige Landesherr der protestantischen Territorien zunächst deren »Notbischof« und später *Summus Episcopus* (›höchster Bischof‹) und somit religiöses Oberhaupt des Staates. Die ihm unterstehenden protestantischen Geistlichen hatten eine beamtenähnliche Stellung und stammten vor allem aus dem Bürgertum. Je nach Territorium waren ein unterschiedlich großer Teil der Pfarrer wieder Pfarrerssöhne, so dass sich richtige Dynastien herausbilden konnten. Im Gebiet der Superintendentur Darmstadt betrug, um ein Beispiel zu nennen, der Anteil der Pfarrerssöhne über 41 % im 17. und sogar 55 % im 18. Jahrhundert. Die Pfarrerssöhne wurden wegen ihrer häuslichen Erfahrungen und familiären Herkunft u. a. durch Stipendien besonders gefördert. Oft stammten die Pfarrersfrauen ebenfalls aus Pfarrhäusern, häufig auch aus dem gehobenen städtischen Bürgertum. Der Aufstieg von Bauern und Mitgliedern der Unterschichten war seltener als in der katholischen Kirche. So kann man davon sprechen, dass sich im 17. und 18. Jahrhundert ein relativ geschlossener protestantischer Pfarrerstand entwickelte, dessen Bildungsniveau unterschiedlich war. Neben weniger gut ausgebildeten Landpfarrern, die zum Unterhalt ihrer Familien eine Landwirtschaft oder eine Gastwirtschaft betreiben mussten, gab es in den Städten hoch gebildete evangelische Pfarrer, die eine große Bedeutung für das kulturelle Leben erlangten.

3
Stadtbevölkerung

Die Bevölkerung der Städte setzte sich aus fast allen Schichten zusammen. Je nachdem, ob man rechtliche, berufsständische oder vermögensmäßige Kriterien ansetzt, kommt man zu unterschiedlichen Einteilungen und Untergruppen. Nach rechtlichem Kriterium waren die Bewohner der Städte des Reiches, seien es Reichsstädte oder landsässige Städte, eingeteilt in Bürger mit dem Bürgerrecht und Einwohner ohne Bürgerrecht (Inwohner, Beisassen, Inbürger, Schutzverwandte). Dieses Bürgerrecht erhielten die Einwohner durch Geburt oder Kauf; in den meisten Städten gehörten Besitz und eine bestimmte Konfessionszugehörigkeit als Voraussetzung dazu. So konnten z. B. in Nürnberg oder Stuttgart nur Evangelische das Bürgerrecht erhalten, in Köln oder München nur Katholiken. Da in den Residenzstädten zahlreiche Hofadelige und höhere Beamte lebten, die außerhalb der Bürgergemeinschaft standen, gab es durchaus sehr reiche Inwohner. Das Bürgerrecht war somit in diesen Städten kein Kriterium für Reichtum und soziale Stellung. Bei stärkerer Differenzierung der städtischen Gesellschaft ergibt sich folgendes Bild: An der Spitze stand eine ganz kleine Führungsschicht, gefolgt von den Großkaufleuten und anderen Mitgliedern des gehobenen Bürgertums. Unter dieser Oberschicht lebte die breite städtische Mittelschicht der Zunfthandwerker mit ihren Familien, darunter die städtische Unterschicht.

Der jeweilige Prozentsatz dieser Bevölkerungsschichten konnte je nach Stadt erheblich variieren. Nach der Kleiderordnung der Reichsstadt Augsburg von 1735 machten, um ein Beispiel zu nennen, die politische Führungsschicht 1,6 %, die Kaufleute bis hin zur Handwerkeroberschicht 13 %, die Mittelschicht 46 % und die Unterschichten

39 % aus. Etwas anders sah die soziale Struktur der landsässigen Stadt Göttingen im Jahr 1763 aus. Neben einer Oberschicht von 8,6 % standen eine Mittelschicht von 50,3 % und eine Unterschicht von 41,1 % der Haushalte.

Oberschichten

Zu den obersten Spitzen der meisten Städte gehörten die Patrizier, die in manchen Kommunen weitgehend alleine das Stadtregiment führten. Ein Teil dieser Familien zeigte schon seit dem 16. Jahrhundert die Tendenz, sich aus Handel und Wirtschaft zurückzuziehen und Grundherrschaften zu erwerben, um dann von den daraus zu erzielenden Abgaben zu leben. Vielfach strebten sie den Aufstieg in den Adel an. Man denke an die Familie Fugger in Augsburg, die schließlich, wie erwähnt, sogar zum Reichsfürstenstand gehörte. Patrizier und reiche ehemalige Kaufleute lebten vielfach als sehr vermögende Rentiers von den Zinsen, Mieten, Renten etc. in den Städten. Zu dieser Oberschicht zählten ferner die Großkaufleute, die in einer Hafenstadt wie Hamburg im 17. Jahrhundert 16 bis 20 % der männlichen Erwerbstätigen ausmachen konnten, ferner die meisten Mitglieder der freien Berufe wie Advokaten, Ärzte, Notare, Architekten, die höheren Beamten und schließlich die reichsten Handwerker, d. h. die Goldschmiede, Juweliere, Tuchfabrikanten, Kürschner, aber auch die Apotheker und Chirurgen, die damals in erster Linie als Handwerker galten.

Die Mittelschicht

Als breite Mittelschicht der meisten Städte im Alten Reich galten die Zunfthandwerker und ihre Familien, teilweise auch ihre Gesellen. So gehörten nach der zitierten Augsburger Kleiderordnung die Handwerksmeister, Stadtbeamten und Krämer mit ihren Familien sowie deren Gesellen zu dieser Schicht, die von den relativ angesehenen Metzgern über die Bäcker bis hin zu den armen Flickschustern und Leinewebern reichte. Deren Leben war durch Zunftordnungen und kirchliche Ordnungen geprägt. In katholischen Städten waren die Zünfte teilweise gleichzeitig als religiöse Bruderschaften organisiert. Meist gab es eine große Anzahl kleiner Handwerksbetriebe, die recht spezialisiert waren. Neben vielfach vertretenen Bereichen – in München gab es 1618 z. B. 70 Bäcker, 69 Bierbrauer und 118 Schneider – standen wenig zahlreiche Spezialhandwerker – in München z. B. 1618 ein Feilenhauer, ein Gabelmacher, drei Knopfmacher, ein Sammetfärber oder ein Strumpfstricker. Im Ganzen existierten damals dort etwa 200 Handwerkszweige.

Letztlich hatten nur wenige Handwerksbetriebe mehrere Gesellen und Lehrjungen, die meisten blieben in erster Linie Familienbetriebe. Da die Zünfte die Meisterstellen beschränkten und Einfluss auf die Preis- und Wirtschaftspolitik nahmen, um unliebsame Konkurrenz zu vermeiden, erstarrte das System, erschwerte den Aufstieg und die Initiative dynamischer junger Leute, auch wenn die Zünfte als positive Seite ihre Mitglieder sowie die Witwen und Waisen sozial absicherten.

Besonders in den Residenzstädten erwuchs den Zunfthandwerkern Konkurrenz durch das vom Landesherrn geförderte nicht zünftige Gewerbe, das immer mehr zunahm. So waren in der kaiserlichen Haupt- und Residenzstadt Wien im Jahre 1734 nur noch 2640 von insgesamt 7809 Handwerkern in Zünften organisiert. Es müssen somit auch diese nicht zünftigen Handwerker und ihre Familien zur entsprechenden Mittelschicht gerechnet werden, während ein Teil der Gesellen schon zur Unterschicht gehörte.

Unterschichten

Da die Unterschichten praktisch keine politischen Rechte besaßen und meist auch keine direkten Steuern zahlten, hinterließen sie viel weniger heute auswertbare Quellen als die Ober- und Mittelschicht und sind deshalb auch für die historische Forschung schwerer fassbar.

Im Allgemeinen rechnete man die Fuhrleute, Tagelöhner und oft die unselbständigen Erwerbstätigen, also Heim- und Manufakturarbeiter, zu den Unterschichten, ferner die Witwen, die durch häusliche Dienste wie Flicken, Nähen, Waschen sich Geld verdienten, zur ersten Kategorie der Unterschichten. Deren Einkommen blieb jedoch so klein, dass sie aufs Betteln angewiesen sein konnten, wenn unversorgte Kinder oder gebrechliche Angehörige im Haushalt lebten. Oft war deshalb Kinderarbeit zum Unterhalt der Familie nötig.

Arbeiter im heutigen Sinne gab es damals im Reich meist wenige. Allerdings lebten in bestimmten großen Städten im 18. Jahrhundert schon eine größere Zahl von Manufakturarbeitern, so etwa in Berlin. Relativ gut wurden Bergleute, Glashütten-, Salinen- und Werftarbeiter entlohnt.

Eine zweite Kategorie dieser Unterschicht waren die besitzlosen Handwerker, Lehrlinge, Dienstboten, Handelsgehilfen, die durchaus zahlreich waren und etwa in Hamburg 1764 rund 15 % der Bevölkerung ausmachten. Als unterste dritte Kategorie folgten schließlich die traditionellen »Armen«, d. h. die Arbeitsunfähigen, Arbeitslosen, Alten, chronisch schwer Kranken, die Landstreicher und Bettler. Diese unterste Schicht konnte in Kriegs-, Not- und Naturkatastrophenzeiten stark anschwellen, wenn solche Arme massenweise vom Land kommend in der Stadt Zuflucht suchten.

Die Lebensverhältnisse der Unterschichten waren, besonders in den großen Städten, sehr schlecht. Sie wohnten in engen, oft feuchten Zimmern in schattigen Hinterhöfen, waren wegen mangelhafter Ernährung und ausgesprochen schlechter hygienischer Verhältnisse besonders anfällig für Krankheiten. Da die Kindersterblichkeit groß war, blieb trotz zahlreicher (nicht selten auch unehelicher) Geburten das Bevölkerungswachstum dieser Schicht bescheiden. Die demographische Regeneration kam vor allem vom Land.

4
Landbevölkerung

Wie erwähnt, machte die Landbevölkerung im Heiligen Römischen Reich der Neuzeit den weitaus größten Teil der Bevölkerung aus. Sie bestand aus verschiedenen Schichten, die abgesehen von den auf dem Land lebenden Adeligen und Geistlichen, die behandelt wurden, von den Großbauern bis zur ländlichen Unterschicht reichten.

Bauerntum

Die Situation der Bauern, die in Gesellschaft und Wirtschaft von zentraler Bedeutung waren, gestaltete sich unterschiedlich. Durch den verlorenen Bauernkrieg (1524–1525) scheiterten die Bestrebungen, mehr politische Rechte zu erlangen, während die wirtschaftliche Lage sich letztlich wenig veränderte. Westlich der Elbe bildete sich ein relativ selbständiger Bauernstand aus, im Osten hingegen wurde dieser besonders nach dem Dreißigjährigen Krieg durch die Entstehung der dortigen Gutswirtschaft vielfach beseitigt. Die Bauern gerieten dabei in die Erbuntertänigkeit. Westlich der Elbe unterstanden die Bauern im Allgemeinen dem Obereigentum eines landesherrlichen, adeligen, kirchlichen oder auch bürgerlichen Grundherrn und bewirtschafteten die Höfe selbständig in Untereigentum oder Pacht. Dabei gab es verschiedene Typen der Grundherrschaft, angefangen von der südwestdeutschen Rentengrundherrschaft bis hin zur nordwestdeutschen Grundherrschaft, wo die persönlich freien, aber landlosen Bauern ihre Güter zu Meierrecht in Pacht hatten.

Wesentlich ungünstiger als die Lage der Bauern westlich der Elbe war die Situation östlich dieses Stromes. Dort hatte sich nämlich aus der Grundherrschaft die Gutsherrschaft entwickelt, wo der Grundherr als Gutsherr das Land in eigener Regie bewirtschaftete. Seine Bauern bekamen Grund und Boden nicht in Untereigentum, sondern sie mussten als schollengebundene Erbuntertanen oder Gutshörige viele unentgeltliche Leistungen erbringen, so dass ihnen wenig Zeit blieb, ihre zugeteilte eigene kleine Landwirtschaft zu betreiben. Sie waren nicht nur erbuntertänig, sondern unterstanden auch der Gerichtsbarkeit des Gutsherrn und mussten sogar dessen Genehmigung bei Heirat, Wegzug und Übertritt der Kinder in einen anderen Beruf einholen, eine Zustimmung, die oft schwer zu erhalten war.

Vor allem westlich der Elbe erwies sich die Einteilung der Höfe in ganze, halbe, viertel Höfe bis hin zu 1/16- und 1/32-Höfen für die Stellung der Inhaber bedeutungsvoll. Ein Vollbauer stand besonders im 18. Jahrhundert unabhängig von der Leiheform seines Hofes in hohem Ansehen, selbst wenn er formal noch leibeigen war, was sich damals letztlich nur noch in Abgaben ausdrückte. Die Klein- und Kleinstbauern waren auf zusätzliche Tätigkeiten angewiesen und zählten deshalb meist zu den Unterschichten.

Ländliche Unterschichten

Wie bei den anderen behandelten Bevölkerungsgruppen schon festgestellt, bestanden auch die ländlichen Unterschichten aus verschiedenen Kategorien. Als erste und oberste wäre die Kleinbauernschicht (je nach Gegend Söldner, Seldner, Köter, Kätner, Kotsassen, Häusler, Kossaten etc. genannt), deren kleiner Bauernhof mit Garten und etwas landwirtschaftlichem Terrain für den Unterhalt der Familie nicht ausreichte. Es handelte sich somit um Nebenerwerbslandwirte, die im Allgemeinen zusätzlich als Landhandwerker oder Tagelöhner arbeiteten. Unter ihnen standen als zweite Kategorie die Leerhäusler (Leersöldner, Büdner usw.), die zwar ein kleines Haus mit Garten, aber keinen landwirtschaftlichen Grund und deshalb keine Gemeinderechte besaßen. Sie bestritten ihren Lebensunterhalt als Tagelöhner. Es handelte sich um eine Sozialgruppe, die bis Ende des 18. Jahrhunderts stark anwuchs. Als dritte Schicht gab es die Inwohner oder Einlieger, die ohne Immobilienbesitz Mieter bei einem Grundherrn oder Bauern blieben, vom Lohn ihrer Arbeit lebten und östlich der Elbe besonders zahlreich waren. Als vierte Kategorie wäre das Gesinde, das im Gut oder Bauernhof als Knechte und Mägde beschäftigt war, zu nennen. Diese blieben unverheiratet und strikt ihrem Herrn untergeordnet. Oft handelte es sich dabei um jüngere Bauernsöhne und -töchter, die sich als Jugendliche verdingten, um später mit dem ersparten Geld eine Existenz gründen zu können. Als unterste Schicht auf dem Lande gab es die Hirten, Bettler und Landstreicher.

Neben all diesen behandelten Bevölkerungsschichten, angefangen vom Adel bis hin zu den Hirten und Bettlern, lebten im Reich Minderheiten, die weitgehend ein in sich geschlossenes, von der Mehrheit isoliertes Leben führten.

5
Minderheiten

Im Heiligen Römischen Reich existierten in der zu behandelnden Zeit von 1486 bis 1806 zahlreiche Minderheiten, angefangen von den Juden über die französischsprachigen Hugenotten oder Wallonen, kleine christliche Gemeinschaften wie die Herrnhuter oder Böhmischen Brüder bis hin zu den Sinti, damals »Zigeuner« genannt, und verschiedenen anderen Randgruppen. Durch die Vielfalt der Staatswesen mit unterschiedlichen Systemen und Herrschern blieb die Situation der Minderheiten je nach Ort oder Territorium recht verschieden. Besonders seit 1648 fanden sie da und dort »Nischen«, wo sich diese oder jene Minderheit gut entfalten konnte, während sie in anderen Territorien diskriminiert wurde. Dies galt auch für die Juden, die mit 110 000 Menschen im 17. und rund 250 000 im 18. Jahrhundert die größte dieser speziellen Minderheiten darstellte. Im Spätmittelalter und im 16. Jahrhundert wurden die Juden noch in vielen Reichsterritorien und Reichsstädten vertrieben, so dass man für das Judentum für die Zeit von 1350 bis 1650 von einer »langen Krise« (Arno Herzig) spricht. Die Lage verbesserte sich dann aber ab 1650 durch besondere Judenordnungen der Landesherren. Dabei bildete sich verstärkt eine soziale Schichtung der Juden aus, angefangen von den kapitalkräftigen Hofjuden in quasi-adeliger Stellung bis hin zu den zahlreichen Betteljuden. Gab es einerseits in vielen Territorien und Städten auch nach 1650 kaum Juden, weil sie dort vielfach unerwünscht waren, so lebten diese andererseits vor allem in mehreren geistlichen Territorien, in vielen Reichsrittergebieten, in manchen Reichsstädten und einigen weltlichen Territorien. Besondere Zentren waren die gräflich-schaumburgische und seit 1640 dänische Stadt Altona bei Hamburg sowie Fürth bei Nürnberg, wo zahlreiche Juden auf grundherrlichem Gebiet des Bamberger Domkapitels lebten.

Eine weitere wegen ihres Fleißes teilweise sehr geschätzte Minderheit waren die Mennoniten, eine täuferische Gemeinschaft, die vor allem in Nord- und Nordwestdeutschland, in der Kurpfalz und in Neuwied ansässig war. Ferner gab es da und dort Niederlassungen anderer sehr kleiner christlicher Gemeinschaften wie die der Spiritualisten, welche jede kirchliche Ordnung ablehnten, die der Mährischen Brüder und der Herrnhuter Gemeine. Auch die radikalen Pietisten, die sich als Freikirchen vom orthodoxen Protestantismus abspalteten, und die Hugenotten sind hier zu nennen. Diese französischen Kalvinisten, vielfach wegen ihrer handwerklichen und unternehmerischen Fähigkeiten geschätzt, flüchteten nach der Widerrufung des Edikts von Nantes durch Ludwig XIV. 1685 u. a. ins Heilige Römische Reich, besonders nach Brandenburg-Preußen, wo der kalvinistische Landesherr die Ansiedlung seiner französischen Glaubensbrüder besonders förderte. Alles in allem gab es im Reich schließlich fast 45 »Hugenottenstädte«, wo die französische Sprache und die hugenottische Kirchlichkeit und Kultur intensiv gepflegt wurden.

Eine besondere, damals wenig angesehene Minderheit stellten die »Zigeuner« dar, die, möglicherweise aus Indien kommend, im 15. Jahrhundert im Reich auftauchten und praktisch überall verfolgt wurden. Von 1497 bis 1774 erließ man dort nicht weniger als 146 Edikte gegen diese Sinti. Ganz allgemein durften sie sich nicht in den Städten ansiedeln und nur »unehrenhafte«, nicht zunftgebundene Tätigkeiten ausüben wie Kesselflicken, Musikspiel, Vorführung von Gaukeleien. Sie lebten als Landfahrer oft vom Betteln und wurden nicht selten straffällig, um sich den Lebensunterhalt zu sichern. Erst seit den 60er Jahren des 18. Jahrhunderts wurde versucht, sie sesshaft zu machen.

6
Wirtschaftsstruktur und -entwicklung

Es wurde schon von der zentralen Rolle des Bauerntums und dementsprechend der Landwirtschaft für das Wirtschaftsleben, die Staatswirtschaft und die Einkünfte der meisten Territorien des Alten Reiches gesprochen. Dagegen traten, abgesehen von einigen Reichsstädten und spezialisierten Gewerbezentren, Handel, Manufakturen, Gewerbe und Bankwesen stark zurück.

Landwirtschaft

Die Landwirtschaft, die wie erwähnt noch Ende des 18. Jahrhunderts etwa 85 % des Sozialproduktes im Reich erbrachte, bildete meist die wirtschaftliche Basis. Dabei wurde in erster Linie Ackerbau betrieben, daneben Gartenbau und die Viehzucht vor allem in einigen spezialisierten Gebieten. Diese blieb in großen Teilen des Reiches aber von untergeordneter Bedeutung und war deshalb weniger wichtig, weil damals die Masse des Volkes im Vergleich zu heute wenig Fleisch aß, das meist auch recht teuer war.

Neben Ackerbau, Gartenbau und Viehzucht wurden in bestimmten spezialisierten Regionen Wein oder Flachs, Hanf, Hopfen oder Tabak angebaut. Der volkswirtschaftlich wichtigste Landwirtschaftszweig blieb jedenfalls der Getreideanbau. Dabei wurden im Allgemeinen Pflüge, zum Teil noch aus Holz, eingesetzt, die in Nord- und Ostdeutschland meist von Pferden, in Süddeutschland vornehmlich von Ochsen gezogen wurden. Neben Hafer, Gerste, Hirse und Mais bauten die Bauern vor allem Weizen und Roggen, Letztere für den Eigenbedarf, oft gemischt an. Großenteils galt die Dreifelderwirtschaft

(Wintergetreide, Sommergetreide, Brache). In der zweiten Hälfte des 18. Jahrhunderts verbesserte man dieses System dadurch, dass man die Brache mit Rüben, Kartoffeln, Wicken und Klee bepflanzte. Geerntet wurde das Korn im Süden zum Teil mit der Sichel, eine langsame und schonendere Methode, im Norden und Osten mit der Sense, wo der Schnittvorgang dreimal so schnell vor sich ging. Das hierauf folgende Dreschen mit Dreschflegeln blieb eine arbeitsintensive, mühsame und deshalb auch kostenträchtige Arbeit. Was den Körnerertrag betrifft, den Wilhelm Abel für das 17. Jahrhundert mit durchschnittlich 8 bis 9 Doppelzentner für Weizen und 7 Doppelzentner für Roggen pro Hektar errechnet, so war er wesentlich geringer als heute. Auch der Milchertrag der meist, besonders im Winter schlecht ernährten Kühe blieb für heutige Verhältnisse relativ bescheiden. Man geht von einer durchschnittlichen Milchleistung pro Kuh von knappen 1000 Litern im Jahr aus. Während die Bauern im Allgemeinen für ihren Eigenbedarf und den der engeren Region produzierten, entwickelte sich östlich der Elbe durch die dortige Gutswirtschaft schon teilweise eine Art Agrarkapitalismus mit bedeutenden Getreideexporten.

Gewerbe, Handel und Kreditwesen

Im größten Teil des Reiches blieb von 1486 bis 1806 das Handwerk der wichtigste Faktor der gewerblichen Produktion, das auch noch im späten 18. Jahrhundert das Manufakturwesen und die gering entwickelte, in den ersten Anfängen stehende Industrie bei weitem übertraf. Neben dem meist in Zünften organisierten Handwerk der Städte gab es das vom jeweiligen Landesherrn vom Zunftzwang befreite Handwerk in den Residenzstädten und vor allem auch ein weit verzweigtes, leistungsfähiges ländliches

Handwerk. Gleichzeitig entwickelten sich einige Produktionszentren im größeren Stil, wie die Eisenverarbeitung in der Reichsstadt Nürnberg, die Textilherstellung in Krefeld oder der Schiffsbau in Hamburg. Im späten 18. Jahrhundert stieg Berlin, vom Landesherrn gefördert, zu einem besonderen Zentrum von Manufakturen auf. Von großer wirtschaftlicher Bedeutung waren auch die Gewinnung von Salz, z. B. im bayerischen Reichenhall oder im Salzkammergut, der Abbau von Bodenschätzen, etwa von Kohle im Gebiet von Essen oder Eisenerz in der Oberpfalz – vor allem vor dem Dreißigjährigen Krieg – oder Quarz im Bayerischen Wald.

Während in weiten Teilen des Reiches der Handel meist regional begrenzt blieb und von einer großen Zahl kleiner Händler und Hausierer betrieben wurde, konzentrierte sich der Großhandel auf die bedeutenden Höfe und auf wenige Städte wie Hamburg, Bremen, Frankfurt am Main und Leipzig. Gab es eine Fülle von Jahrmärkten und kleinen Messen, verteilt auf das ganze Reichsgebiet, so wurden die wichtigen, wirklich überregionalen, europaweit bekannten Messen in Frankfurt am Main, Leipzig, Linz und Bozen durchgeführt.

Das großräumige Kreditwesen war in weiten Teilen des Reiches wenig entwickelt. Den Grunduntertanen, d. h. den Bauern und Arbeitsleistenden dienten vielfach die Klöster oder die adeligen Grundherren als Kreditgeber, teilweise auch als eine Art Sparkasse. Als besondere, große und überregionale Bankzentren dienten Hamburg, Antwerpen, Frankfurt am Main, Wien und Augsburg. Bei den Bankiers, die teilweise gleichzeitig Kaufleute waren, handelte es sich oft um Kalvinisten und jüdische Hoffaktoren.

Bis vor kurzem wurde in der Geschichtsforschung die Meinung vertreten, die politische Zersplitterung des Alten Reiches sei für die Wirtschaft des mitteleuropäischen Raumes ein erheblicher Nachteil gewesen. Dabei wurden aber verschiedene, den ganzen Raum verbindende Faktoren zu wenig beachtet, wie etwa die Tatsache, dass es mit dem Reichstaler und Rheinischen Gulden ab 1555 eine Art Leitwährung für das Reich gab, dass ferner durch die gemeinsame Regelung des Geld- und Münzwesens durch jeweils mehrere Reichskreise Währungszonen existierten und dass die Kreise sich auch mit überterritorialen Zoll- und Handwerksordnungen und anderem beschäftigten. Neueste Studien relativieren und revidieren deshalb die frühere Forschungsmeinung. So zeigt Oliver Volckart, dass zumindest nach 1648 diese politische Zersplitterung in Wirklichkeit die Wirtschaftsentwicklung weniger gehemmt als gefördert hat. Es kam nämlich zu einem Wirtschaftsaufschwung, der vielfach durch die Konkurrenz der kleinen Territorien untereinander angekurbelt wurde. Man ließ dort durchaus private Initiative zu, förderte den Wettbewerb durch Schaffung günstiger Bedingungen und vermied hohe Zollabgaben. Als Beispiel einer solchen zukunftsträchtigen Initiative in einem Kleinterritorium sei hier auf die Gründung der »Guten Hoffnungshütte« in Essen durch die dortige Reichsäbtissin Kunigunde, eine Wettinerin, verwiesen. Ganz allgemein entstanden, um weitere Beispiele zu nennen, im räumlich zersplitterten Rheinland erfolgreiche Manufakturen, während etwa gleichzeitig die von Berlin im Rahmen großstaatlicher merkantilistischer und dirigistischer Maßnahmen geförderte Seidenindustrie in Brandenburg-Preußen scheiterte.

7
Bevölkerungszahlen und Konfessionsverhältnisse

Einwohnerzahlen

Da es Ende des 15., im 16. und im 17. Jahrhundert keine Volkszählungen und keine einigermaßen verlässliche Bevölkerungsstatistik gab, ist man in diesem Bereich auf Schätzungen angewiesen. Man nimmt an, dass im 16. Jahrhundert im Reich (einschließlich Österreich und Länder der böhmischen Krone) 16–18 Millionen Menschen lebten. Einen großen Einbruch gab es im Dreißigjährigen Krieg. Schätzt man die Bevölkerung vor dem Krieg auf 20–21 Millionen, so geht man von einem durchschnittlichen Bevölkerungsverlust von einem Drittel aus. Dieser gestaltete sich allerdings je nach Region, Territorium oder Stadt sehr unterschiedlich. Gab es Gebiete, wie Tirol, das Erzstift Salzburg oder das Herzogtum Holstein, die überhaupt keine Verluste kannten, so erlitten andere wie Bayern, Böhmen oder Brandenburg erhebliche Einbußen. Am schlimmsten traf es jedoch die Kurpfalz, Württemberg, Mecklenburg und Pommern, bei denen Bevölkerungsverluste von bis zu 80 % angenommen werden. In der zweiten Hälfte des 17. Jahrhunderts wurden die Verluste der einen durch Einwanderung aus den anderen, vom Krieg weitgehend unberührten und deshalb überbevölkerten Gebieten ausgeglichen. Im Laufe des 18. Jahrhunderts stieg die Zahl der Einwohner wegen grundsätzlicher Verbesserung der Ernährungssituation und der Gesundheitslage (z. B. Verschwinden der Pest) an. Für das Ende des 18. Jahrhunderts gibt es dann schon relativ gesicherte, teilweise auf Volkszählungen beruhende Angaben über die Bevölkerung der Territorien, die allerdings mühsam für das Gesamtreich zusammenaddiert werden müssen. Nach einer Quelle der Reichstagsakten des Mainzer Reichserzkanzlerarchivs, die durch einige Ergänzungen zu erweitern und korrigieren ist, lebten 1795 im Reich einschließlich Böhmen, Mähren und Schlesien, aber ohne Savoyen und die nur ganz locker noch zum Reichslehensverband gehörenden norditalienischen Staaten 27 499 678 Einwohner. Demnach wohnten 23 360 318 Menschen oder 84,9 % der Reichsbevölkerung in weltlichen Territorien, 3 121 000 Untertanen oder 11,3 % in geistlichen Staaten und 768 360 oder 2,8 % in den Reichsstädten. Die hier nicht berücksichtigten Menschen der Reichsritterterritorien und Reichsdörfer machten demnach nur knapp 1 % der Reichsbevölkerung aus. Das Verhältnis weltliche/geistliche Territorien/Reichsstädte gestaltete sich im Reich sehr unterschiedlich. Waren die östliche Reichshälfte und die katholischen Niederlande in rein weltlicher Hand, so gab es in der westlichen Hälfte drei Reichskreise mit zahlreichen Untertanen geistlicher Territorien: den Niederrhein-Westfälischen Kreis mit 36,7 %, den Fränkischen mit 45 % und den Kurrheinischen mit sogar 75,8 %. Den höchsten Anteil an Reichsstädtebewohnern wies mit

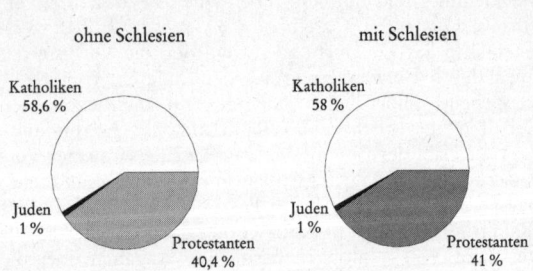

Konfessionsstruktur des Heiligen Römischen Reichs
am Ende des 18. Jahrhunderts

16,3 % der Schwäbische Kreis auf. Komplizierter als diese Aufgliederung der Bevölkerungszahlen waren angesichts der territorialen Zersplitterung vor allem im Westen, Süden und in der Mitte des Reiches die Konfessionsverhältnisse.

Konfessionsstruktur

Die Konfessionsstruktur des Reiches veränderte sich seit der Glaubensspaltung bis 1624/48 vor allem durch Konversionen von Landesherren, die bis dahin nach dem Grundsatz *cuius regio, eius religio* (›wessen Territorium, dessen Religion‹) die Konfession ihrer Untertanen bestimmten und auch jeweilige Konfessionswechsel erzwingen konnten. Für das 16. Jahrhundert ist ein Trend der Reichsfürsten, Reichsstadtmagistrate und der Reichsritter, d. h. derjenigen, die über die Konfession entscheiden konnten, zur neuen Lehre festzustellen. Wenn auch die Konfessionalisierung erst im Laufe der zweiten Hälfte des 16. Jahrhunderts wirklich griff, so hatten damals die Neugläubigen, d. h. die Protestanten, die Mehrheit der Bevölkerung auf ihrer Seite. Allerdings setzten vor allem seit dem späten 16. Jahrhundert die katholische Reform und die Gegenreformation erfolgreich in Territorien mit katholischen Landesherren ein, und es kam zu nicht wenigen Konversionen von Reichsfürsten zum Katholizismus, wodurch sich das Verhältnis zu Gunsten der Altgläubigen verschob. Festgelegt wurde die Konfessionsstruktur des Reiches dann ein für alle Mal durch den Westfälischen Frieden von 1648, der für den größten Teil des Reiches (ohne die habsburgischen Territorien) den Konfessionsstand von 1624 als Normaljahr festschrieb. Ende des 18. Jahrhunderts zählte das Reich dann (einschließlich Schlesien) 58 % Katholiken, 41 % Protestanten und 1 % Juden. Diese Konfessionen waren aber regional sehr unterschiedlich verteilt. Während der norddeutsche Raum fast ausschließlich protestantisch (Obersächsischer Kreis 99,6 %, Niedersächsischer Kreis 98,5 %) war, lebten im Südosten des Reiches (habsburgische Lande) zu 92,1 % katholische Einwohner. Eine große katholische Mehrheit hatten auch der Burgundische Kreis (fast 100 %), der Bayerische (97,6 %) und der Kurrheinische (78,6 %), während die drei Kreise Westfalen, Franken und Schwaben konfessionell relativ ausgeglichen waren. Eine protestantische Dreiviertelmehrheit wies hingegen der Oberrheinische Kreis auf. Innerhalb der gemischt konfessionellen Kreise gab es jeweils eine große territoriale Vielfalt der Konfessionen. Ganz allgemein war diese Diversität, in negativer Sicht als Spaltung der Religionen bezeichnet, im Gegensatz zu anderen Staaten mit jeweiliger Staatsreligion charakteristisch für das Heilige Römische Reich der Neuzeit. Deshalb soll auf dessen religiöse und konfessionelle Entwicklung näher eingegangen werden.

III
Religion, fürstlicher Hof, Kultur

1
Von der religiösen Einheit zur Vielfalt

Von 1486 bis 1520 gab es im Heiligen Römischen Reich, abgesehen von ganz kleinen Minderheiten wie den Juden, die religiöse Einheit mit dem Papst in Rom als kirchlichem Oberhaupt der westlichen, abendländisch-katholischen Christenheit und dem Kaiser als formal immer noch weltlichem Haupt des Abendlandes. Die Kirche war im eigentlichen Heiligen Römischen Reich aufgegliedert in die Kirchenprovinzen Besançon, Mainz, Salzburg, Prag, Trier, Köln, Bremen(-Hamburg) und Magdeburg, die sich jeweils aus einer Erzdiözese und mehreren Diözesen zusammensetzten. An der Spitze jeder Kirchenprovinz und Erzdiözese stand ein Erzbischof. Die weitaus größte und wichtigste Kirchenprovinz des Reiches war die Mainzer.

Obwohl diese Zeit von einer tiefen, lebendigen Religiosität und Frömmigkeit geprägt war, litt die Kirche unter Missständen und man forderte im Reich vielfach Reformen. Heinrich Lutz zählt die damals wichtigsten, viel kritisierten Fehlformen der Kirche auf. Es waren dies erstens die Doppelfunktion der Fürstbischöfe, die gleichzeitig Landesherren eines Territoriums waren und das damit verbundene Vorherrschen des Adels bei den Reichsbischofs- und Domkapitular- und den wichtigsten Abtstellen, während der niedere Klerus oft schlecht bezahlt und wenig gebildet war. Zweitens kam es zu einer »Verdinglichung« der kirchlichen Praxis und dadurch zu Fehlformen, etwa dem übertriebenen Reliquienkult, der überzo-

Der Reformator Martin Luther (1483–1546),
Holzschnitt von Lukas Cranach d. Ä., 1520

genen Heiligenverehrung und der Überbetonung des Wallfahrtswesens. Dazu wären Fehlentwicklungen in der Behandlung des Ablasswesens zu nennen. Ferner erregte die Fiskalisierung und Kommerzialisierung der kirchlichen Verwaltung Ärgernis, die vor allem in Deutschland antirömische Ressentiments hervorriefen. Ein besonders krasser Fall dieser Fiskalisierung war der Ablasshandel, an dem sich Martin Luthers Kritik entzündete. Schließlich herrschte damals eine starke theologische Unsicherheit. Es wurden nämlich die verschiedensten Lehrmeinungen vertreten, was zu einer weitgehenden Orientierungslosigkeit der Menschen führte.

Neben diesen Fehlformen der Kirche förderten in dieser Umbruchzeit, in der vieles bisher Feststehende ins Wanken geriet, die kritische Geistesrichtung des Humanismus mit seiner Individualisierung des Lebens und Glaubens, die Erfindung der Buchdruckerkunst sowie die allmähliche Ausbildung eines Territorialkirchentums innerhalb der Gesamtkirche das Aufkommen der Reformation, die im Reich vor allem mit dem 1483 in Eisleben geborenen Martin Luther verbunden war. Da die neue Lehre Luthers viele Anhänger bei den Fürsten, im Adel und in den Städten, aber auch bei den Bauern fand, kam es zur Glaubens- und Kirchenspaltung im Reich, zur Festlegung der lutherischen Konfession auf dem Augsburger Reichstag von 1530 und gleichzeitig zu anderen Bekenntnissen, so der *Fidei ratio* von Ulrich Zwingli. Später kam mit der Veröffentlichung der Schrift *Christianae religionis institutio* noch das wichtigste Werk Jean Calvins hinzu. Dessen Getreue, die Kalvinisten, gewannen im Reich ebenfalls nicht wenige Anhänger und bildeten später als Reformierte neben Katholiken und Lutheranern die dritte große christliche Konfession im Reich. Diese Hauptglaubensrichtungen trugen neben kleineren Gemeinschaften wie verschiedene täuferische Gruppen zur religiösen Vielfalt im Heiligen Römischen Reich bei. In der zweiten Hälfte des 16. Jahrhunderts vollzog sich die Konfessionalisierung und bekenntnismäßige Abschließung der Konfessionen.

Bei den protestantischen Territorien geschah dies durch die Einführung und Durchsetzung von Kirchenordnungen und hierauf durch Visitationen und vor allem die Veröffentlichung des Konkordienbuches im Jahr 1580. Gerade dieses Konkordienbuch schrieb endgültig die orthodoxe Lehre der lutherischen Landeskirchen fest. Gleichzeitig zog das Luthertum eindeutige und scharfe Grenzlinien zum Katholizismus, zum Kalvinismus und zu den anderen reformatorischen Bekenntnissen. Der Kalvinismus erhielt im Reich durch den 1563 veröffentlichten Heidelberger Katechismus die seit 1568 verbreitetste Bekenntnisschrift, welche die reformierten (kalvinistischen) Kirchen im Reich und darüber hinaus stark prägte und streng von den anderen Konfessionen trennte. Schon vorher haben die Entscheidungen des Trienter Konzils (1545–1563) die katholische Kirche konfessionell von den reformatorischen strikt abgegrenzt.

2
Kulturelle Blüte und Vielfalt

Das Heilige Römische Reich mit seinen sehr zahlreichen verschiedenartigen weltlichen und geistlichen Territorien und den Reichsstädten, seiner konfessionellen Vielfalt, der Konkurrenz der drei großen christlichen Konfessionen des Abendlandes und mit der hohen Zahl fürstlicher Höfe bildete, wie ich in meiner *Kulturgeschichte des Heiligen Römischen Reiches* zu zeigen versuche, einen idealen Rahmen für kulturelle Vielfalt und Blüte. Dies gilt für die etwa drei Jahrhunderte und besonders für die Zeit nach dem Westfälischen Frieden von 1648. Damals wurde nämlich die für das frühneuzeitliche Europa exzeptionelle Gleichberechtigung der drei großen Konfessionen des Abendlandes festgeschrieben. Sie führte im Alten Reich dazu, dass sich die sehr spezifischen Kulturen von Katholiken, Lutheranern und Reformierten (Kalvinisten) entwickeln konnten. Dies geschah in territorialer Abgrenzung, nebeneinander, in Konkurrenz miteinander, auch gegeneinander oder in gegenseitiger Befruchtung bei einer gewissen Kooperation. Diese Situation der konfessionell-kulturellen Vielfalt des Heiligen Römischen Reiches unterschied sich stark von der Lage in anderen europäischen Staaten. Während z. B. in Spanien und Italien ebenso wie in Frankreich im Wesentlichen nur eine katholische Kultur gedeihen und sich dort die Kultur der kleinen protestantischen Minderheiten wegen Benachteiligung und Verbots kaum entfalten konnte, war etwa in Schweden oder Dänemark jegliche katholische Kultur ausgeschlossen und nur die lutherische zugelassen. In ähnlicher Weise wurde in England die Förderung der anglikanischen Staatskirche betrieben, die kulturelle Entfaltung der diskriminierten katholischen Minderheit jedoch weitgehend unterdrückt. Das Heilige Römische Reich bot somit im Gegensatz zu anderen Staaten für eine multikonfessionelle kulturelle Entwicklung und Vielfalt nahezu ideale Bedingungen. Dies galt allerdings nur für die Gesamtebene des Reiches und einige Territorien, paritätische Reichsstädte und Regionen mit besonders starker konfessioneller Durchmischung. In den meisten Territorien oder Reichsstädten galt jeweils nur eine Staatsreligion, so dass auf dieser Ebene die religiös-kulturelle Vielfalt nicht gegeben war.

Aufgrund der vielen geistlichen und weltlichen Territorien, der Reichsritterschaftsgebiete, der Reichsstädte, aber auch der zum Teil noch bestehenden komplizierten reichsrechtlich gesicherten Mischherrschaften, bot das Reich neben verbreiteter Benachteiligung auch »Nischen«, in denen sich die Kulturen der Minderheiten gut entfalten konnten. So wurde, für das ganze Reich gesehen, die kulturelle Vielfalt noch stark erweitert.

3
Konfessionell bestimmte Kulturen

Da die Religion damals eine ganz zentrale Rolle im Leben aller Menschen spielte, bestimmte sie auch in hohem Maße die Kultur. Wegen der konfessionellen Spaltung des Reiches entwickelten sich je nach Konfession recht unterschiedliche Kulturen. Heinz Schilling spricht nicht von ungefähr für die Zeit von 1517 bis 1648 von einer »gespaltenen Kultur nach Konfessionen«, und dies gilt, so versuche ich in meiner Kulturgeschichte zu zeigen, auch noch für die Epoche von 1648 bis 1806. Gründe für die Unterschiede waren die jeweils voneinander abweichenden Auslegungen der Heiligen Schrift in der Bilderfrage, die Differenzen bei der Konzeption von Kirchenraum, bei der Abendmahlslehre, bei Gottesdienst und Kult. Ferner trugen die besondere Förderung von Heiligen- und Reliquienverehrung, Wallfahrten und Prozessionen, von religiösen Orden und Klöstern, Bruderschaften und Kongregationen durch die katholische Kirche und die entsprechende Ablehnung durch die protestantischen Kirchen zur Ausprägung unterschiedlicher Kulturen bei. Dies galt auch für die voneinander abweichenden Strukturen der Kirchen, d. h. der protestantischen Landeskirchen auf der einen Seite und der katholischen Weltkirche auf der anderen Seite.

So kann man für die frühe Neuzeit feststellen, dass die Kulturentwicklung des Reiches stark bestimmt war durch die drei ausgeprägten Kulturen der Hauptkonfessionen.

Konfessionell bestimmte Kulturen

Reformierter Gottesdienst in Stein bei Nürnberg,
17. Jahrhundert

Auf der einen Seite gab es die reformierte (kalvinistisch-zwinglianische), die aufgrund von Bibelstellen des Alten Testaments jede bildliche Darstellung in den Kirchen als Götzendienst ablehnte und Kirchenmusik, besonders die als papistisch verurteilte Mehrstimmigkeit, stark einschränkte. Auf der anderen Seite förderte die katholische Kirche, sich stützend auf andere Bibelstellen, besonders des Neuen Testaments, bewusst die Fülle von Bildern und Figuren in den Kirchen. Sie betrachtete dies als die zur Verherrlichung Gottes adäquate Form.

Ausgehend von diesen Unterschieden entstand einerseits eine relativ nüchterne, bilderfeindliche reformierte Wort- und Lesekultur, die viel Positives in Staatsrecht, in der Wissenschaft sowie in der Entwicklung einer spezifisch protestantischen Arbeitsethik und gewisser prinzipieller demokratischer Ideen hervorbrachte. Andererseits entfaltete sich eine stark sinnlich geprägte katholische Kultur, die sich vor allem durch eine große kunstschöpferische Kraft auszeichnete. Ertrag dieser speziellen Kultur waren vor allem nach 1648 die entstehenden katholisch-barocken Kunstlandschaften in der südlichen Hälfte des Reiches, geprägt von Tausenden von prächtigen, künstlerisch hoch stehenden Klostergebäuden, Kloster- und Wallfahrtskirchen, Klosterbibliotheken, Brückenheiligen, Dreifaltigkeitssäulen, Heiligenfiguren, Wegkreuzen und Kapellen. Während diese sinnliche Kultur, wo die Kirchen als sakrale Räume zum »Himmel auf Erden« ausgeschmückt waren, vor allem von den Klöstern und Orden sowie den Bruderschaften getragen wurde, lag die protestantische Kultur vor allem auf den Schultern der Pfarrhäuser, die eine große »kulturbildende Kraft« entwickelten. Die in der Neuzeit errichteten reformierten, aber auch lutherischen Kirchen galten nicht als geweihte, sakrale Räume, sondern als speziell für den Gottesdienst geschaffene Versammlungsstätten. Ohne »Ablenkung durch katholische Pracht« legte man dort den Schwerpunkt auf die Verkündigung des Gotteswortes. Sinnfälliger Ausdruck dieser Kirchenkonzeption, die eine Gegenposition zur damaligen katholischen darstellte, waren die vielen Kanzelkirchen der Zeit. Vorne im Chor, wo in der katholischen Kirche der Hochaltar mit dem Tabernakel stand, befand sich die Kanzel. Darunter war bei den reformierten ein einfacher Tisch für das Abendmahl, bei den Lutheranern ein Altar. Bei Letzteren konnte die über dem Altar angebrachte Kanzel sehr prächtig sein. Oft befand sich noch über der Kanzel die Orgel.

Wallfahrtskirche Loh (Niederbayern), 1768–1772 von Ch. Winck und F. X. Feichtmayr ausgestaltet

Die Lutheraner pflegten eine dritte Kultur, die zwischen der reformierten auf der einen und der katholischen auf der anderen Seite eine Mittelposition einnahm. Sie war wie die der Reformierten stark auf die Wortverkündigung ausgerichtet, ließ jedoch im Gegensatz dazu in der Bilderfrage, die Martin Luther als nebensächlich ansah, die verschiedensten Möglichkeiten zu. Außerdem pflegte das Luthertum in hohem Maße die Kirchenmusik, man denke nur an den Thomaskantor Johann Sebastian Bach. Neben einer reichen Kirchenmusik (Kirchenlied, Kantaten, Oratorien, Passionen), die auch die katholische Kirche auszeichnete (Messen, Oratorien, Tedeum), entwickelten sich in lutherischen Territorien sehr gut Literatur und Wissenschaften, d. h., es entstand eine spezielle Wort- und Lesekultur. Waren die bedeutendsten Kirchenarchitekten, Maler und Bildhauer des Reiches mehrheitlich katholisch, so gehörten die Schriftsteller und Dichter zum großen Teil der protestantischen, meist lutherischen Konfession an.

Diese kulturelle Vielfalt und Blüte wurde außerdem durch die hohe Zahl kleiner und mittlerer Höfe im Reich garantiert, die alle in verschiedenartiger Weise und je nach finanziellen Möglichkeiten kulturelle Mittelpunkte waren.

4
Höfische Kultur

Im Heiligen Römischen Reich der Neuzeit zählte die höfische Kultur zu den zentralen Elementen des künstlerischen und geistigen Lebens. Dieses konnte sich durch die große Zahl höfischer Zentren besonders gut entfalten. Während sich in Frankreich zwar nicht im 16. Jahrhundert, aber dann im 17. und 18. Jahrhundert, die höfische Kultur vor allem auf Paris, Versailles und Umgebung beschränkte, wurde sie im Heiligen Römischen Reich von sehr vielen kleinen und größeren Höfen gepflegt, die eigene Orchester, Theater und Opernhäuser unterhielten. Es fehlte zwar eine das ganze Land beherrschende und übertreffende Residenz wie Versailles, es gab aber eine große Zahl künstlerisch erstrangiger Schlösser wie etwa die Residenzen in Wien, Dresden, Potsdam, Hannover, Bonn, Würzburg, Ludwigsburg oder München und entsprechende Sommerschlösser. Sie bildeten den Rahmen der fürstlichen Repräsentation und des Hofes, der je nach Größe eine ganz verschiedene Ausprägung hatte, die vom großen zeremoniellen Hof in Wien, Dresden oder München bis zum kleinen hausväterlichen oder Musenhof reichte.

Kunst, Schlösser und Parkanlagen dienten den Fürsten zur Repräsentation. Deshalb war das Bauwesen eng mit dem Machtanspruch der Fürsten verbunden. Die Schlösser waren umgeben von barocken Parkanlagen und »erweiterten die Schlossarchitektur ins Freie« (Rainer A. Müller). In diesen Architekturlandschaften befanden sich kleine Lustschlösser, Pavillons, Pagoden, Orangerien und zahlreiche Steinplastiken und Springbrunnen. Aber die Fürsten wetteiferten nicht nur im Schlossbau, sondern auch in der Pflege von Malerei, bildender Kunst, Literatur und Wissenschaft.

Die Vielzahl der Höfe bildete auch eine Voraussetzung für eine Blüte der weltlichen Musik und des Theaterwesens. Noch heute unterhält der deutschsprachige Raum in Folge und Fortführung dieser vielfältigen im ganzen Reich verteilten höfischen Förderung von Musik und Theater ein dichtes Netz von Orchestern, Opernhäusern und Schauspielbühnen. Damals pflegte man in den Schlössern die verfeinerte Unterhaltungsmusik, beschäftigte Hofkapellen und baute überall schmuckvolle Theaterräume. Man denke an das Markgräfliche Opernhaus in Bayreuth, das Alte Residenztheater in München, die Hoftheater in Wien, Dresden, Prag, Ludwigsburg oder Herrenhausen.

Bayreuth (Oberfranken), Markgräfliches Opernhaus,
Zuschauerraum mit Hofloge, 1746–1750

An den verschiedenen Höfen wirkten bedeutende Komponisten wie Orlando di Lasso (1532–1594) in München, Heinrich Schütz (1585–1672) in Dresden, Johann Sebastian Bach (1685–1750) zeitweise in Köthen, um nur einige zu nennen. Für die Höfe komponierten außerdem u. a. Wolfgang Amadeus Mozart (1756–1791), Joseph Haydn (1732–1809), Joseph Fux (1660–1741), Georg Friedrich Händel (1685–1750), Johann Stamitz (1717–1757), Carl Philipp Emanuel Bach (1714–1788) und Christoph Willibald Gluck (1714–1787).

In den Residenzen pflegte man Kirchen- oder Unterhaltungsmusik, die in der Hofkirche bzw. beim Diner, bei Tanz- und Abendveranstaltungen, Familienfesten, Jagden und Feuerwerken aufgeführt wurde. Außerdem spielten Militärmusik und natürlich vor allem auch die Musik für Opern und Ballette eine große Rolle. Kammermusik betrieben die Monarchen und ihre Familien oft persönlich. In starkem Maße wurde zudem das Schauspiel gefördert. Dabei führte man oft Stücke in italienischer oder französischer Sprache auf.

5
Bildungswesen, Wissenschaft und Literatur

Das Bildungswesen blieb im Reich von der Reformation bis 1802/03 konfessionell geprägt. Es gab nämlich »konkurrierende Bildungssysteme der katholischen und protestantischen Tradition« (Anton Schindling). Dies galt für das Elementarschulwesen, das vor allem in der Aufklärungszeit besonders gefördert wurde, ebenso wie für das höhere Schulwesen. Gab es in protestantischen Gebieten in diesem Bereich Lateinschulen und Gymnasien vor allem in den Städten, so dominierten in den katholischen Territorien und Reichsstädten bis zu ihrer Aufhebung 1773 die Jesuitenkollegien, die in jeder größeren katholischen Stadt errichtet worden waren, nach 1773 dann die Klosterschulen. Das höhere Schulwesen der Mädchen wurde von speziellen Orden, den Englischen Fräulein, Ursulinen, Augustiner Chorschwestern u. a. aufrechterhalten. Im Zuge der Aufklärung gründete man in protestantischen Gebieten, wo die Klosterschulen fehlten, spezielle Schulen, wie 1780 das Philantropin in Frankenthal (Kurpfalz). Ansonsten wurden die Töchter gehobener Schichten in protestantischen Territorien oft von Hauslehrern unterrichtet.

Was die Universitäten betrifft, so zählte der Berliner Geograph Büsching 1789 für den Raum des Heiligen Römischen Reiches 38 solcher Hochschulen auf, d. h. 18 katholische, 18 protestantische und zwei doppeltkonfessionelle. Bei Letzteren handelte es sich um die des kurmainzischen Erfurt, wo sogar gleichzeitig die Ausbildung von katholischen und evangelischen Theologen – ein europäisches Unikum damals – betrieben wurde, und um die Universität Heidelberg in der Kurpfalz, die seit dem Regierungsantritt der katholischen Kurfürsten 1685 auch katholische Professoren hatte. Die größte Bedeutung als Reformuniversität erlangte für die zukünftige Entwicklung die 1734/37 gegründete Hochschule in Göttingen.

Die Universitäten waren damals vor allem Lehranstalten, die deshalb mit relativ kleinen Lehrbuchsammlungen auskamen. Demgegenüber wurde die Forschung und die Wissenschaftspflege meist außerhalb der Hochschulen, im privaten Bereich, an Höfen, in Pfarrhäusern, Klöstern und erst im 18. Jahrhundert ebenfalls an den Akademien gepflegt. Deshalb schlug zum Beispiel der Universalgelehrte, Mathematiker und Philosoph Gottfried Wilhelm Leibniz eine Professorenstelle aus und zog die viel attraktivere Position eines Gelehrten an Fürstenhöfen wie Hannover, Mainz oder Berlin vor.

Von daher ist es zu verstehen, dass abgesehen von Göttingen und einigen wenigen wichtigen Universitäten, die bedeutendsten Bibliotheken als wichtige Kultur- und Wissenschaftsträger nicht in erster Linie in den Universitäten angesiedelt waren, sondern an den Höfen und in Klöstern. Die größten Bibliotheken waren die der Höfe in Wien, Berlin, Dresden (je 150 000 Bände Ende des 18. Jahrhunderts), München, Mannheim und Wolfenbüttel. Die besonders schön mit Fresken, Figuren und Schnitzereien ausgestatteten großen Klosterbibliotheken übertrafen die durchschnittlichen Universitätsbibliotheken. Das Augustiner-Chorherrenstift Polling bei Weilheim in Oberbayern besaß sogar 80 000 Bücher. An diese Zahl kam nur Göttingen heran.

Die verschiedenen Wissenschaftszweige, angefangen von den Geisteswissenschaften, der Theologie, der Mathematik, Astronomie bis hin zu den schon da und dort gepflegten Naturwissenschaften, konnten sich damals an bestimmten Höfen, in evangelischen Pfarrhäusern und in Klöstern und Jesuitenkollegien gut entfalten. Sie erhielten eine besondere Förderung in der Aufklärungszeit.

Auch die Literatur erlebte in dieser Zeit eine Blüte. Im 16. Jahrhundert war die deutsche oder lateinische Literatur stark vom Humanismus und von der Reformation beeinflusst. Während jener auf ein sich auf die Antike stützendes Bildungsideal zurückgriff, »das die anthropozentrische Wende der Renaissance in literarisch-moralphilosophischer Weise verkörperte« (Volker Meid), stand Martin Luthers schriftstellerisches Werk vollständig im Dienst seiner neuen Glaubensverkündigung. Neben seinen Abhandlungen, Sendschreiben etc. waren seine Bibelübersetzung und seine Kirchenlieder für die deutsche Sprachentwicklung und Literatur von großer Bedeutung. Daneben wurden andere Literaturformen wie der Meistergesang, das Schuldrama, der bürgerliche Roman gepflegt. Seit der zweiten Hälfte des 16. Jahrhunderts gab es auch Einflüsse der Gegenreformation auf die Literatur, wobei es in der Barockliteratur ab 1600 zur Herausbildung konfessionsbestimmter Formen kam, wenn auch damals allgemein für den Stil Merkmale wie ausgeprägte Rhetorisierung der Sprache, gesteigerte Bildlichkeit, Artistik der Form charakteristisch waren. Für die Literaturreform spielte der protestantische Raum und hier vor allem Martin Opitz eine wichtige Rolle. Es würde in diesem Rahmen zu weit führen, die vielen Sparten der damaligen Literatur zu behandeln. Erwähnt seien nur als *pars pro toto* der durch seine Sonette und Trauerspiele hervorgetretene Andreas Gryphius (1616–1664), der bedeutende protestantische Kirchenlieddichter Paul Gerhardt (1607–1676), die entsprechenden Dichter barocker katholischer Kirchenlieder, Friedrich Spee von Langenfeld und Angelus Silesius, sowie der in Neulatein schreibende Jesuit Jakob Balde (1604–1668).

Im 18. Jahrhundert, das im protestantischen Deutschland früher und im katholischen später von der Geistesströmung der Aufklärung geprägt war, spielte für die Entwicklung der deutschen Literatur mit seinem *Versuch einer Critischen Dichtkunst vor die Deutschen* (1729), der ersten »Poetik der deutschen Aufklärung«, Johann Christoph Gottsched eine wichtige Rolle. Als Dichter bildeten Friedrich Gottlieb Klopstock, ferner als Literaturkritiker und Dramatiker Gotthold Ephraim Lessing (1729–1781) und als Schriftsteller mit »Vermittler- und Popularisierungstätigkeit« Christoph Martin Wieland besondere Höhepunkte. Von Interesse bleibt, dass im 18. Jahrhundert die Mittelpunkte der Literatur und die Zentren der Lesegesellschaften meist in protestantischen Städten des Reiches lagen, somit fest in die damalige protestantisch geprägte Wort- und Lesekultur eingefügt waren. Das Reich mit seiner Vielfalt der Höfe, die miteinander konkurrierten, und mit den vielen literarisch interessierten evangelischen Pfarrhäusern bildete einen vorteilhaften Rahmen für eine vielfältige Literaturentwicklung. So konnte der Musenhof des Zwergherzogtums Sachsen-Weimar zu einer Literaturhauptstadt, d. h. zum Zentrum der Klassik, aufsteigen. Dort lebten und wirkten seit 1775 Johann Wolfgang Goethe, ab 1776 Johann Gottfried Herder und ab 1789 Friedrich Schiller.

6
Volkskultur

Unter Volkskultur, die von vielen Autoren als »Alltagskultur« definiert wird, verstehe ich hier vor allem die Kultur der weiten Schichten des Volkes bis hin zu den Unterschichten. Sie vollzog sich weitgehend in der jeweiligen Lebens- und Hausgemeinschaft, im Bürgerhaus und den Unterschichtenhäusern der Städte sowie in den Bauern- und anderen Häusern auf dem Land, die je nach Gebiet im Reich sehr verschiedene Haus- und Hofformen hatten, angefangen vom niederdeutschen Hallenhaus über das mitteldeutsche Ernhaus bis hin zum bayerisch-tirolisch-salzburgischen Einhaus. Diese Bürger- und Bauernhäuser konnten sehr kunstvoll und aufwendig sein. Die Möblierung dieser Bauten in Stadt und Land war je nach Vermögen einfach oder künstlerisch anspruchsvoll. Das galt auch für Bauernmöbel, die besonders im 18. Jahrhundert recht aufwendig geschmückt sein konnten. Stark ausgeprägt waren Volksfrömmigkeit, Sitten und Gebräuche. Dabei gestaltete sich der Unterschied zwischen »Volksreligiosität« und der »offiziellen Religiosität« (Max Weber) bei den protestantischen Kirchen mit ihrer Betonung des Wortes, der Vernunft und ihren Purifizierungsmaßnahmen größer als in der katholischen Kirche. Dort wurde nämlich das auch für den einfachen Menschen zugängliche Sinnliche stark betont, die beim Volk sehr populäre Heiligenverehrung und das sehr beliebte Wallfahrtswesen wurden gepflegt. Außerdem hielt die katholische Kirche etwas von dem im Volk sehr verbreiteten magischen Denken aufrecht, das sie durch die vielen Sakramentalien (Wettersegen, Blasiussegen u. a.) betrieb. Gerade dieses magische Denken wurde vor allem von den reformierten Kirchen bekämpft. Im katholischen Bereich spielten die Bruderschaften, die einen großen Teil der Bevölkerung umfassten, als Träger von

Prozessionen, Wallfahrten und Heiligenverehrung eine wichtige Rolle. Obwohl die protestantischen Kirchen das magische Denken in Kirche und Brauchtum eifrig bekämpften, blieben im Volksglauben die Bereiche Magie und Hexenkunst lebendig. So kann man feststellen, dass die Protestanten im alltäglichen Leben »nicht weniger abergläubisch als Katholiken« blieben (Richard van Dülmen). Bei Protestanten und Katholiken erhielten sich im häuslichen Zusammenleben und im dörflichen Brauchtum abergläubische Praktiken und magische Vorstellungen. Das galt auch für den weit verbreiteten Hexenglauben und die Hexenverfolgung. Nach Hartwig Weber glaubten im Reich in »gleichsam ökumenischem Gleichklang« Katholiken, Lutheraner, Zwinglianer und Kalvinisten an Hexen und führten Hexenverfolgungen und -verbrennungen durch. Die Zahl der Hexenprozesse sank dann im späten 17. und im 18. Jahrhundert stark. Seitdem gab es auch keine Massenprozesse und großen Hexenjagden mehr. Im 17. Jahrhundert traten schon Kirchenmänner auf, die – wie der 1635 gestorbene Jesuitenpater Friedrich Spee – rechtliche Bedenken gegen die Hexenprozesse äußerten, und im 18. Jahrhundert kämpften vor allem die Aufklärer für die Abschaffung dieser Art von Prozessen. Bei den unteren Schichten blieb aber der in früheren Jahrhunderten überall anzutreffende Glaube an Magie und Hexerei auch damals noch stark verbreitet, so dass vielfach die einfacheren Schichten die Verfolgung von Hexen forderten.

Pflegten die Katholiken viele religiöse Gebräuche und schmückten sie ihre guten Stuben mit Herrgottswinkeln und Heiligenfiguren, so lasen die Protestanten zu Hause häufig die Bibel sowie besondere religiöse Texte und sangen Kirchenlieder und Psalmen.

IV
Politische Entwicklung

Angesichts der konföderativen Struktur des Heiligen Römischen Reiches spielte sich die politische Geschichte im Inneren wie nach außen hin großenteils auf der Ebene der Territorien und Reichsstädte ab. Dies gilt schon für die Zeit vor 1648, in noch stärkerem Maße aber für die Epoche nachher. Der Westfälische Friede erkannte ja mit der Landeshoheit den Reichsständen im Inneren eine Fastsouveränität und nach außen hin ausdrücklich das Recht zu, eine eigenständige Außenpolitik mit Bündnissen, Krieg und Friedensschlüssen auch mit auswärtigen Mächten zu führen, die sich allerdings – so die prinzipielle, aber nicht immer eingehaltene Einschränkung – nicht gegen Kaiser und Reich richten durften. Die innere politische Entwicklung der einzelnen Territorien und Reichsstädte und deren außenpolitische Beziehungen können im kleinen Rahmen nicht behandelt werden.

Vielmehr geht es hier um die großen politischen, vor allem außenpolitischen Beziehungen, die das gesamte Reich oder zumindest große Teile betrafen, ferner um die umfassenden Kriege, besonders die Reichskriege und Friedensschlüsse des Reiches.

Dieses wurde im Laufe der 320 hier analysierten Jahre vor allem durch zwei Mächte bedroht, und zwar durch die Türken oder Osmanen im Osten und die Franzosen im Westen. Die Verteidigung gegen den gemeinsamen Reichsfeind vereinigte teilweise die Reichsstände zu koordinierter Aktion und zu gemeinsamem Kampf. Dies galt vor allem für die Kriege gegen die moslemischen Osmanen, welche die Reichstage im 16., 17. und noch im 18. Jahrhundert immer wieder intensiv beschäftigten. Für den

Kampf gegen die Türken, in den Quellen vielfach als »Erbfeind« bezeichnet, bewilligten die Reichstage sehr hohe Summen, die von den Reichsständen, wie neuere Forschungen zeigen, zumindest zu einem großen Teil tatsächlich aufgebracht wurden. Für diese Reichskriege im Osten lieferten die Mitglieder des Reiches auch immer wieder beachtliche Truppenkontingente. Diese zeigten, nach jeweils anfänglichen Schwierigkeiten und ab dem Zeitpunkt, als die zusammengewürfelten Kontingente verschmolzen waren, eine wirksame Kampfkraft. Die zentrale Rolle bei der Verteidigung der Südostgrenze des Reiches kam allerdings den Kaisern aus dem Hause Habsburg und ihren Armeen zu. Die habsburgischen Erbländer waren ja auch als Erste direkt bedroht.

Nachdem die Osmanen, welche die Weltherrschaft erringen wollten, 1453 Byzanz, die mehr oder minder übrig gebliebene Hauptstadt des von den Türken nach und nach verkleinerten und einverleibten Oströmischen Reiches erobert hatten, besetzten sie in schnellen Heerzügen immer größere Teile des Balkans und Südosteuropas durch ihre gewaltigen Truppen. 1480 drangen osmanische Heerscharen das erste Mal in Reichsgebiet, in Krain, Kärnten und die Oststeiermark, ein, besiegten 1526 bei Mohács König Ludwig II. von Ungarn, der in der Schlacht fiel. 1529 standen die Osmanen bereits vor Wien, zogen aber nach einer Belagerung wieder ab. Wenn auch immer wieder die Abwehr gelang, so blieb eine gewisse Bedrohung bestehen. Einen besonderen Schock für das Reich rief die Belagerung Wiens im Jahr 1683 hervor. Nach dem damaligen Sieg der christlichen Heere gelang es, die Osmanen nach und nach zurückzudrängen und die Gefahr damit einzudämmen. In den behandelten über 300 Jahren gab es acht größere Kriege gegen die Osmanen, angefangen vom Kampf Karls V. 1526 bis 1555 bis hin zu den drei Türkenkriegen des 18. Jahrhunderts.

Weniger einig waren die Reichsstände im Kampf gegen

Frankreich im Westen. Obwohl der »Allerchristlichste König« im Laufe der Jahrhunderte Territorium nach Territorium, Stadt nach Stadt und Gebiet nach Gebiet vom Reich großenteils mit militärischer Gewalt abtrennte und seinem Königreich einverleibte, fand er fast immer im Reich Verbündete, die wegen Hilfsgeldern, politischen Vorteilen und um größerer politischer Unabhängigkeit dem Kaiser gegenüber willen mit Frankreich Bündnisse schlossen. Durch den Westfälischen Frieden wurde Frankreich sogar Garantiemacht des Friedensvertrages und behielt sich immer das Recht vor, zur Verteidigung der reichsfürstlichen Libertät im Reich zu intervenieren. Für Frankreich bot sich so ab 1648 die gute Möglichkeit, die Reichsstände untereinander oder bestimmte Fürsten gegen den Kaiser auszuspielen und auf diese Weise handfeste französische Interessen zu vertreten. Trotz dieser komplexen Situation, in der es im Reich immer Freunde Frankreichs gab und dieses Königreich in den damaligen Quellen nie als »Erbfeind« bezeichnet wurde, gab es mehrere Reichskriege gegen das Nachbarland. Die letzten wurden gegen das revolutionäre Frankreich und Napoleon geführt, welche die französische Grenze bis zum Rhein vorschoben.

Die Kaiser waren somit in den über 300 Jahren in erster Linie mit dem Kampf gegen die Türken und gegen Frankreich bis 1756 und weiter ab 1792 befasst, das sich seit dem Regierungsantritt Karls V. als Karl I. in Spanien 1516 bis 1700 von den habsburgischen Ländern umklammert sah und dadurch bedroht fühlte.

1
Politik Maximilians I.

König, ab 1508 Kaiser Maximilian I. stellte vor allem durch seine Heiratspolitik die wichtigsten Weichen für den Aufstieg seines Hauses Habsburg zur europäischen Großmacht. Dieser Aufstieg der Kaiserdynastie und der damit verbundene Gewinn gewaltiger Länderkomplexe für das Haus bildeten vielfach auch die Ursache für die schweren Konflikte mit Frankreich. Die Grundlagen für die erfolgreiche Hausmachtpolitik der Habsburger hatte schon Friedrich III. gelegt, der nicht nur die Gebiete anderer erlöschender Linien seines Hauses an sich zog, sondern auch die Heirat seines einzigen Sohnes, Maximilians I., mit der Erbin von Burgund einfädelte. Dieser unternahm 1477 eine spezielle Brautfahrt in dieses Herzogtum, um Maria, die 1457 geborene Erbtochter des 1477 gefallenen Karls des Kühnen, zu gewinnen. Als Maria schon am 27. März 1482 nach einem Jagdunfall überraschend starb, wurden die Kinder der beiden, Philipp der Schöne und Margarete, Erben Burgunds und Maximilian der Vormund. Die Erwerbung dieses wirtschaftlich so hoch entwickelten Landes für das Haus Habsburg wurde zu einem wichtigen Baustein für den Aufstieg dieser Dynastie. Ein weiterer noch wichtigerer war die Vermählung des einzigen Sohns Maximilians I. im Jahr 1496 mit Johanna, der Tochter Ferdinands von Aragon und Isabellas von Kastilien, da Johanna die Wahnsinnige nach dem überraschenden Tod aller Thronerben ab 1500 wahrscheinliche Erbin der zwei spanischen Königreiche wurde. Aus dieser Ehe gingen die späteren Kaiser Karl V. und Ferdinand I. hervor. Unter Karl V., seit 1516 als Karl I. König von Spanien, erreichten die von Habsburg regierten Ländermassen in einer Hand einen unerreichten Höhepunkt, so dass in seinem Reich, zu dem neben den Erblanden im Heiligen Römischen Reich Burgund, Süditalien, Spanien, Aragon und all die spanischen Überseegebiete gehörten, nach Karls eigenem Wort »die Sonne nicht unterging«. Aber auch für eine gewaltige Machterweiterung seines Hauses im Osten legte Maximilian I. die Grundlagen. Er verheiratete nämlich 1515 seine Enkelin Maria mit Ludwig II. von Ungarn und dessen Schwester mit seinem Enkel Ferdinand I., wodurch dieser 1526 beim Tod Ludwigs II. von Ungarn und Böhmen – wenn auch in Ungarn nach Kämpfen – König von Böhmen (Wahl 22. Oktober 1526) und Ungarn werden konnte. Damit wurden die von den Habsburgern beherrschten Gebiete um weitere wichtige Länder in Ostmitteleuropa erweitert. Waren die Kämpfe, die Maximilian I. in Italien gegen Frankreich führte, weniger erfolgreich und prestigeträchtig, so wurde Habsburg durch die geschickte und glücklich verlaufene Heiratspolitik zur Weltmacht. Im Reich gelang es dem alten Kaiser trotz emsiger Bemühungen jedoch nicht, noch zu Lebzeiten die Wahl seines Enkels Karl durch die Kurfürsten zu erreichen. Karl V., zugleich Herzog von Burgund und König von Spanien, wurde schließlich ein halbes Jahr nach dem Tod Maximilians I. (12. Januar 1519) gegen den Rivalen Franz I. von Frankreich gewählt. Dabei setzte er hohe Bestechungssummen bei den Kurfürsten ein.

2
Kampf Karls V. gegen die Türken und Frankreich

Karls gesamte Regierungszeit war geprägt von Kriegen gegen Frankreich, allein von vier gegen Franz I. (1515–1547). Der erste Waffengang dauerte von 1521 bis 1526, endete mit der französischen Niederlage bei Pavia und dem Frieden von Madrid 1526. Aber schon im gleichen Jahr begann der nächste Krieg, der 1529 mit dem von Luise von Savoyen und Margarete von Österreich ausgehandelten »Damenfrieden« von Cambrai abgeschlossen wurde, gefolgt vom dritten Krieg (1536–1538) gegen Franz I. und dem vierten, der 1542 begann. Um die von mehreren deutschen protestantischen Fürsten im Vertrag von Chambord (15. Januar 1552) dem französischen König Heinrich II. überlassenen Städte Cambrai, Metz, Toul und Verdun zurückzugewinnen, führte Karl V. 1553 einen weiteren Krieg gegen Frankreich, scheiterte jedoch mit der Belagerung von Metz, so dass die Verluste des Reiches bzw. die Eroberungen Frankreichs in der Zukunft bestehen blieben.

Außer an der Front im Westen musste Karl V. auch im Osten gegen den Reichsfeind kämpfen. Es ging hier vor allem um die Herrschaft Ferdinands I. als König von Ungarn. So kam der Sultan Suleiman II. im September 1529 mit 250 000 Soldaten, um Wien zu belagern. Am 15. Oktober rückte er allerdings unverrichteter Dinge wieder ab. Die nächste türkische Invasion erfolgte 1532. Damals nahm Karl V. persönlich am Feldzug teil. Trotz mehrerer Siege blieben jedoch die Kämpfe der Kaiserlichen ohne dauerhafte Erfolge. Nach Jahren des Ausgleichs führten beide Seiten ab 1540 wieder Krieg, bis Ferdinand I. 1547 einen Waffenstillstand mit den Türken schließen konnte. Nach weiteren Kämpfen ab 1552 kam es 1555 schließlich zu einem auf acht Jahre befristeten Frieden.

Dieser Kampf des Kaisers an zwei Fronten, zu dem die Aufstände in Spanien und der Krieg gegen die Türken und Mauren im Mittelmeer kamen, gab den Neugläubigen im Reich immer wieder Atempausen und Freiraum und bewirkte, dass Karl V. sich erst 1546/47 im Schmalkaldischen Krieg gegen die protestantischen Reichsfürsten – nach dem Terminus der Zeit gegen die »Ketzer« – wenden konnte. Er erzielte in der Schlacht bei Mühlberg am 24. April 1547 einen glänzenden Sieg. Da aber der von ihm durch Übertragung der sächsischen Kurwürde als Verbündeter gewonnene Moritz von Sachsen wenig später die Partei wechselte, bedeutete der kaiserliche Sieg keine entscheidende Schwächung der Neugläubigen. Der Kaiser, der noch die universale christliche Kaiseridee propagierte, zu der auch die Einheit des Glaubens im Abendland gehörte, scheiterte und trat 1556 vom Kaisertum zu Gunsten seines Bruders Ferdinand I. zurück.

3
Politische Entwicklung von 1555 bis 1618

Ferdinand I., 1556 bzw. 1558 Reichsoberhaupt geworden, sein Sohn und Nachfolger Maximilian II. (1564–1576) und dessen Sohn Rudolf II. (1576–1612) hatten das Glück, dass von Frankreich im Westen keine Gefahr mehr ausging. Das westliche Nachbarreich war nämlich nach dem frühen Tod Heinrichs II. durch eine dynastische Krise mit unmündigen Königen und Regentschaften sowie durch die acht Religionskriege, die von 1562 bis 1598 dauerten, außenpolitisch gelähmt.

Im Osten des Reiches dauerte demgegenüber die Bedrohung an. Wenige Jahre nach dem Auslaufen des Waffenstillstandes kam es nämlich 1566 bis 1568 zum zweiten Türkenkrieg, den noch Suleiman II., inzwischen 75 Jahre alt, eröffnete. Allerdings schloss sein Nachfolger Selim II. mit Maximilian II. schon am 17. November 1568 den Waffenstillstand von Adrianopel, der den Kaiser verpflichtete, den Türken weiterhin einen Tribut von 30 000 Dukaten pro Jahr zu zahlen, eine sehr hohe Summe. Dieser auf acht Jahre abgeschlossene Friedensvertrag wurde trotz immer wieder auftretender Scharmützel und Grenzkonflikte in den Jahren 1576, 1584 und 1592 erneuert. Wegen der trotzdem jedes Jahr durchgeführten türkischen

Einfälle und Raubzüge kam es schließlich zum so genannten »langen« Türkenkrieg, der von 1593 bis 1615 dauerte. Während die kaiserlichen Truppen unter dem Oberbefehl Andreas von Auersbergs in offener Feldschlacht dem streitbaren Pascha von Bosnien, Hassan, bei Stuhl Weißenberg eine vernichtende Niederlage bereiteten, besiegte der Sultan Muhammed III. die Reichsarmee bei Keresztes (Erlau). Das Auf und Ab der Kämpfe wurde schließlich 1606 durch den Frieden von Zsitvatorok beendet, der den Tribut des Kaisers durch eine einmalige Summe ablöste. Allerdings flammten die Kämpfe von 1611 bis 1615 wieder auf. Dann gab es immerhin für fast 50 Jahre Frieden.

Das Reich wurde unter Rudolf II. durch den habsburgischen Bruderzwist, den er und Matthias teilweise mit Waffengewalt austrugen, stark beeinträchtigt. Während Rudolf zunehmend entmachtet wurde, trat Matthias 1611 dessen Nachfolge als König von Böhmen und 1612 als Kaiser an. Aber schon 1617 wurde dessen Vetter Ferdinand II. von der Steiermark König von Böhmen und Ungarn und gleichzeitig der starke Mann der Habsburger Dynastie, der dann im Dreißigjährigen Krieg, der noch unter Matthias und als Folge seiner gegen die protestantischen Stände Böhmens gerichteten Maßnahmen in Prag ausbrach, eine zentrale Rolle spielte.

4
Der Dreißigjährige Krieg

Wohl kein Krieg war für das Heilige Römische Reich so einschneidend und in seinen Folgen für die Bevölkerung großer Teile des Reiches so verheerend wie der von 1618 bis 1648 ausgetragene Dreißigjährige Krieg. Wenn auch sehr schnell die politischen Interessen verschiedener europäi-

Gustav Adolf in der Schlacht bei Dirschau 1627,
Gemälde von Jan Maertszen de Jonghe, 1634

scher Mächte eine immer größere Rolle spielten, so begann der Krieg doch in starkem Maße als Religions- und Konfessionskrieg. Er wurde dann im Lauf der Jahre, besonders ab 1630 immer mehr ein Kampf um die Vorherrschaft in Europa, der auf Reichsgebiet ausgetragen wurde. Das konfessionelle Element spielte dabei eine immer geringere Rolle.

Frankreich ging es damals um den Kampf gegen die zu mächtig werdende Habsburger Dynastie und die von jeher befehdete habsburgische Umklammerung, Schweden vor allem um die Herrschaft im Ostseeraum, Spanien um den weiteren Besitz der Niederlande, den nördlichen Niederlanden um die endgültige Unabhängigkeit. Außerdem verfolgten noch zeitweise Dänemark und England ihre politischen Interessen, wie natürlich auch der Kaiser und die verschiedenen Reichsstände.

Der Dreißigjährige Krieg wird im Allgemeinen in vier Phasen eingeteilt. Als erste gilt der böhmisch-pfälzische Krieg. Er begann mit dem Aufstand der mehrheitlich protestantischen Stände in Böhmen gegen ihren katholischen Landesherrn und König Ferdinand II., der im August 1619 zum Kaiser des Heiligen Römischen Reiches gewählt wurde. Nachdem die Stände den Habsburger als böhmischen König abgesetzt hatten, wählten sie Friedrich V. von der Pfalz, das Haupt der protestantischen Union, d. h. der protestantischen Partei im Reich, zum neuen König. Diese Wahl musste die katholische Liga auf den Plan rufen, denn sie hatte reichsweite Konsequenzen. Zum ersten Mal hätte diese Wahl nämlich eine protestantische Mehrheit im Kurkolleg und damit wahrscheinlich ein protestantisches Kaisertum bedeutet. Außerdem war der Katholizismus in Böhmen, Ober- und Niederösterreich gefährdet. Hätten sich Friedrich V. und die Stände in diesen Territorien durchgesetzt, hätte sich im Reich und bei seinen Institutionen das Gewicht eindeutig zu Gunsten der Protestanten verschoben. Diese Situation veranlasste das Haupt der katholischen Liga, Maximilian I. von Bayern, zu Gunsten der Habsburger, die an sich immer auch Rivalen der bayerischen Wittelsbacher waren, einzugreifen. Die mit gemeinsamen Kräften siegreich geschlagene Schlacht vom Weißen Berg (8. November 1620) führte zum Übergewicht der katholischen Partei im Reich, zur Ächtung Friedrichs V. und zur Übertragung der pfälzischen Kur an Maximilian I. 1621/23. Während die Oberpfalz und die rechtsrheinische Kurpfalz unter bayerische Verwaltung kamen, so die linksrheinische unter spanische.

Die militärischen Erfolge des von Tilly befehligten Ligaheeres und das zunehmende Gewicht der katholischen Parteiung und des Kaisers im Reich führten zur Reaktion der protestantischen Reichsstände in Norddeutschland und zur zweiten Kriegsphase, zum niedersächsisch-dänischen Krieg (1625–1629).

Die norddeutschen Reichsstände, und hier besonders König Christian IV. von Dänemark in seiner Eigenschaft als Herzog von Holstein und Oberst des niedersächsischen Reichskreises, die ihren Besitz an säkularisierten norddeutschen Hochstiften bedroht sahen, traten dem Ligaheer entgegen. Dabei wurde der Däne finanziell von Frankreich, England und den Niederlanden unterstützt.

Da das Ligaheer dadurch in eine schwierige Situation geriet, nahm Kaiser Ferdinand II. das Angebot des zum Katholizismus übergetretenen böhmischen Adeligen Albrecht von Wallenstein an, auf eigene Kosten ein Heer aufzustellen.

So konnten nun die beiden Heere gegen die Protestanten im Norden erfolgreich vorgehen. Während Wallenstein am 25. August 1626 Graf von Mansfeld bei Dessau schlug, besiegte Tilly den Dänenkönig bei Lutter am Barenberg (27. August 1626). Nach Abschluss des Friedens von Lübeck (22. Mai 1629) musste der Sohn Christians IV. die geistlichen Reichsterritorien Bremen, Magdeburg, Verden, Osnabrück und Halberstadt herausgeben, die er bisher als evangelischer Administrator bzw. Koadjutor regiert hatte. Wallenstein wurde Herzog von Mecklenburg.

Auf dem Höhepunkt seiner Macht erließ Ferdinand II. am 6. März 1629, wie erwähnt, das Restitutionsedikt, überspannte dadurch seine Position und rief die Opposition der Reichsstände und Kurfürsten, ob protestantisch oder katholisch, auf den Plan. Letztere erzwangen 1630 sogar die Absetzung des bei ihnen sehr unbeliebten Wallenstein, eine schwer wiegende Maßnahme, weil gerade zu dieser Zeit der schwedische König Gustav II. Adolf (1611–1632) auf der Insel Usedom in der Ostsee landete, um in die Kämpfe einzugreifen. Es kam zur dritten Phase des langen Konfliktes, zum schwedischen Krieg (1630–1635). Gustav Adolf, dem es vor allem um die Vorherrschaft in der Ostsee, ferner aber auch um die Unterstützung und Rettung seiner evangelischen Glaubensgenossen in Deutschland ging, zog, finanziell massiv von Frankreich unterstützt, von Pommern nach Süden. Nach anfänglichen Erfolgen Tillys in Magdeburg und Leipzig wurde dieser dann am 17. September 1631 bei Breitenfeld von Gustav Adolf vernichtend geschlagen. Während der Schwede mehr und mehr protestantische Verbündete fand und Territorium nach Territorium eroberte und besetzte, stellte sich der in stetem Rückzug befindliche Tilly am 15. April 1632 mit unterlegenen Kräften bei Rain am Lech nochmals in letzter Verzweiflung dem Schwedenkönig entgegen. Er wurde jedoch geschlagen, schwer verwundet und starb fünfzehn Tage später.

Da es für den Kaiser nur eine Möglichkeit gab, gegen Schweden zu bestehen, nämlich Wallenstein zurückzuholen, tat er dies im Dezember 1631 unter dem Diktat der Bedingungen des Generalissimus. Dieser stellte sich hierauf dem Schweden am 16. November 1632 in der Schlacht bei Lützen, die unentschieden ausging, aber dadurch eine besondere Bedeutung erlangte, dass Gustav Adolf fiel. Trotzdem setzten die Schweden den Kampf unter Leitung ihres Kanzlers Axel Graf Oxenstjerna fort. Wallenstein erregte in der Folgezeit wegen seiner zögernden Kriegführung und der von seinen Offizieren speziell geforderten Treue zum Generalissimus, die in den Pilsener Reversen versichert wurde, in Wien großes Misstrauen und wurde am 25. Februar 1634 von kaiserlichen Offizieren ermordet. Der Tod Wallensteins machte den Weg frei für eine energische Kriegführung in Süddeutschland. Es kam zur Schlacht bei Nördlingen (6. September 1634), in der ein zahlenmäßig überlegenes kaiserlich-ligistisch-spanisches Heer die Schweden und Protestanten unter Gustav Horn und Bernhard von Weimar vernichtend schlug. Die Gewichtsverschiebung zu Gunsten des Kaisers, der Liga und Spaniens, die auch im erwähnten Frieden von Prag (30. Mai 1635) zum Tragen kam, führte zur vierten, letzten und besonders lang dauernden Phase des großen Konflikts, zum schwedisch-französischen Krieg (1635–1648), der durch das direkte militärische Eingreifen Frankreichs geprägt war. In dieser Periode litt der deutsche Raum ganz besonders unter den Kriegsfolgen (Hunger, Seuchen). Nach anfänglichen Erfolgen der ligistisch-kaiserlichen Seite im Süden wurde diese bei Alerheim (3. August 1645) von den Franzosen vernichtend geschlagen, während auch die mit Frankreich verbündeten Schweden mehrere Schlachten erfolgreich bestanden. Angesichts der Erschöpfung auf allen Seiten und der schon seit 1645 geführten Verhandlungen wurde der lange furchtbare Krieg durch den Westfälischen Frieden vom 24. Oktober 1648 beendet. Dieser Vertrag, der, wie gesagt, zu Gebietsabtretungen des Reiches, zu einer Stärkung der Partikulargewalten und zum konfessionellen Ausgleich der drei großen christlichen Konfessionen (Katholiken, Lutheraner, Kalvinisten) führte, bedeutete einen wichtigen Einschnitt auch für die Außenpolitik des Heiligen Römischen Reiches, das von nun an eine lockende Konföderation mit weitgehend respektierter Rechts- und Friedensordnung war.

5
Die Zeit von 1648 bis 1789

Aufgrund der weitreichenden Unabhängigkeit, die den Territorien durch das Friedensinstrument von 1648 zugestanden worden war, verlief die Außenpolitik der größeren Territorien in den letzten 150 Jahren des Reiches relativ unabhängig vom Reichsganzen. Trotzdem gab es auch noch in dieser Zeit eine Reihe von gemeinsamen Reichskriegen. Zum einen wirkten die Reichsstände bei den Kämpfen gegen die Osmanen im Osten mit. Dies galt z. B.

Leopold I., Kupferstich aus dem Jahr 1676

für den vierten Türkenkrieg von 1663 und 1664. Nach der Kriegserklärung an Kaiser Leopold I. (1658–1705) nahmen die osmanischen Truppen Neuhäusel, wurden dann aber vom kaiserlichen Heer, das durch Reichskontingente verstärkt war, 1664 bei Leva und Sankt Gotthard an der Raab entscheidend geschlagen. Nach einer fast 20-jährigen Friedenszeit begannen die Türken, angestachelt durch Ludwig XIV. von Frankreich, der den Kaiser im Osten binden wollte, erneut den Krieg gegen Kaiser Leopold I. Der Großwesir Mustafa zog mit einem gewaltigen Heer von 170 000 Mann durch Ungarn, drang in Niederösterreich ein und stand am 15. Juli 1683 vor der kaiserlichen Haupt- und Residenzstadt Wien, die er bis zur Schlacht am Kahlenberg (12. September 1683) belagerte. Leopold I. war damals mit seinem Hof in die fürstbischöfliche Residenzstadt Passau geflüchtet. Dieses Ereignis verbreitete in Mitteleuropa großen Schrecken und mobilisierte das ganze Reich und auch Polen. Aber die von Karl von Lothringen und König Johann Sobieski geführten christlichen Truppen errangen trotz zahlenmäßiger Unterlegenheit in der Schlacht am Kahlenberg einen glänzenden Sieg. Hierauf zogen sich die Osmanen hinter die ungarische Grenze zurück. Der Krieg ging dann in den folgenden Jahren weiter. Die kaiserlichen Truppen konnten, ergänzt durch Reichskontingente, Stadt für Stadt, Landstrich für Landstrich nach Osten vorrücken. 1688 eroberten sie schließlich unter dem Oberbefehl Max Emanuels von Bayern Belgrad. Außerdem konnte Ludwig von Baden, der sogenannte Türkenlouis, Bosnien besetzen und in Serbien und Bulgarien einrücken. Da die kaiserlichen und reichischen Truppen allerdings im Pfälzischen Erbfolgekrieg gegen Ludwig XIV. zunehmend im Westen gebunden wurden, gewannen die Türken ab 1690 wieder Terrain zurück, so z. B. Belgrad. Nach einigem militärischen Hin und Her bereitete 1697 der kaiserliche Feldherr Prinz Eugen den Türken bei Zenta eine vernichtende Niederlage, so dass

1699 der Friede von Karlowitz geschlossen wurde. In den Jahren von 1716 bis 1718, 1737 bis 1739 und 1787 bis 1791 gab es allerdings noch weitere Türkenkriege.

Im Westen wurde, wie angedeutet, gleichzeitig mit dem fünften Türkenkrieg gegen Frankreich der Pfälzische Erbfolgekrieg von 1688 bis 1697 geführt, der auch zum Reichskrieg wurde. Ludwig XIV. erhob beim Tod des Pfälzer Kurfürsten Karl II. für dessen Schwester, seine Schwägerin Liselotte von der Pfalz, Erbansprüche auf den Allodialnachlass (Simmern, Teile von Sponheim). Um seinen Forderungen Nachdruck zu verleihen, ließ er 1689 überraschend Truppen im Reich einmarschieren. Da die kaiserliche Armee im Türkenkrieg stand, stießen die Franzosen kaum auf Widerstand und konnten in kurzer Zeit große Teile des Kurfürstentums Köln, ferner die Städte Worms, Speyer, Heidelberg, Mainz, Mannheim, Koblenz und Philippsburg besetzen und sogar in den Schwäbischen und Fränkischen Kreis eindringen. Aber der Kaiser ließ sich vom Sonnenkönig nicht unter Druck setzen, sondern begann zusammen mit verschiedenen Reichsfürsten eine Gegenoffensive gegen Frankreich. Außer mit dem Reich, das Frankreich am 15. Februar 1689 auf dem Reichstag den Reichskrieg erklärte, konnte Leopold I. durch die Bildung der Großen Allianz (Generalstaaten, später auch Spanien und Savoyen sowie England) ein mächtiges Bündnis gegen den französischen Eindringling bilden, so dass Ludwig XIV. den Rückmarsch anordnete. Vor dem französischen Rückzug verwüsteten und brandschatzten die Franzosen allerdings noch im Jahr 1689 unter Mélac die Städte Mannheim, Heidelberg, Worms und Speyer. Die Kämpfe wurden in der Folgezeit vor allem in den Niederlanden und in Norditalien geführt. Wegen der Türkenkriege blieben die kaiserlichen Truppen im Westen jedoch schwach und Frankreich gelang es immer wieder, ins Reich vorzudringen. Schließlich konnten die beteiligten Mächte Frankreich, Holland, England und Spanien am 20. September

1697 den Frieden von Rijswijk abschließen, dem am 30. Oktober 1697 auch der Kaiser und das Reich beitraten.

Schon vier Jahre später wurde Europa und in seiner Mitte ganz besonders das Heilige Römische Reich durch den Spanischen Erbfolgekrieg (1701–1714) erschüttert. Nachdem am 1. November 1700 der kinderlose spanische König Karl II., der letzte Habsburger seiner Linie, gestorben war, kam es zum Krieg um dessen gewaltiges Erbe. Auf der einen Seite stand das Haus Habsburg in Wien, das den Thron für den jüngeren Kaisersohn Karl beanspruchte und durch die (zweite) Haager Allianz (7. September 1701) mit Großbritannien und den Niederlanden verbunden war. Auf der anderen Seite kämpfte Ludwig XIV. für seinen Enkel Philipp von Anjou (1683–1746), Urenkel des spanischen Königs Philipp IV., um das spanische Königtum, das diesem – wenigstens laut letztem Testament Karls II. – zukam. Während sich die beiden Wittelsbacher Kurfürsten von Bayern und Köln mit dem französischen König verbündeten, stellten sich die anderen Reichsfürsten auf die Seite des Kaisers. Da der Reichstag im Herbst 1702 mehrheitlich Frankreich den Reichskrieg erklärte, bildete die Haltung der beiden Wittelsbacher nach Reichsrecht einen schweren Verstoß gegen die Verfassung. Er wurde, wie erwähnt, 1706 durch die Reichsacht geahndet.

In diesem europäischen Krieg, wo auf alliierter Seite mit Prinz Eugen und Herzog Marlborough zwei ausgezeichnete Feldherren agierten, wurden zahlreiche Schlachten geschlagen, die meist, wie etwa die Schlacht bei Höchstadt (13. August 1704), für Frankreich und seine Wittelsbacher Verbündeten Niederlagen brachten. Im April 1713 schlossen dann die Seemächte mit Frankreich in Utrecht Frieden, es folgten der Kaiser am 7. März 1714 in Rastatt und das Reich am 7. September 1714 in Baden. Dabei stellte man im Reich den Status quo wieder her.

Nach weniger als 20 Jahren Friedenszeit wurde das Reich durch einen weiteren, allerdings viel weniger gravierenden Krieg heimgesucht, den Polnischen Thronfolgekrieg (1733–1738). Nach dem Tod des sächsischen Kurfürsten und in Personalunion polnischen Königs Augusts des Starken am 1. Februar 1733 rangen nämlich Frankreich, der Kaiser, Russland und Preußen um einen ihnen angenehmen Nachfolger im polnischen Wahlkönigreich. Im Laufe dieses Krieges, der im Januar 1734 mit der Mehrheit der Reichsstände zum Reichskrieg erklärt wurde, konnten französische Truppen Teile des Rheinlandes nehmen. Es gab allerdings nur ein größeres Gefecht bei Klausen 1735, das die Kaiserlichen gewannen, so dass der Krieg schon in diesem Jahr durch Präliminarien beendet wurde, die 1738 durch den Wiener Frieden abschließend anerkannt wurden.

Eine neuartige Konstellation entstand im Reich durch den ab 1740 relevant werdenden österreichisch-preußischen Dualismus, d. h., es standen sich nun zwei deutsche Großmächte im Reich gegenüber, die beide auch über Territorien außerhalb des Reiches herrschten. Preußen hatte seit der zweiten Hälfte des 17. Jahrhunderts einen stetigen Aufstieg erlebt. Er begann unter dem Großen Kurfürsten Friedrich Wilhelm (1640–1688) mit seinen grundlegenden Reformen und führte über den Erwerb der Königskrone für das außerhalb des Reiches liegende (Ost-)Preußen durch dessen Sohn Friedrich I. im Januar 1701 hin zu König Friedrich Wilhelm I. (1713–1740), den Soldatenkönig. Dieser steckte 80 % seiner Staatseinnahmen ins Militär und sammelte obendrein durch extrem sparsame Politik einen großen Kriegs- und Staatsschatz an, während gleichzeitig die meisten damaligen Fürsten riesige Schuldenberge auftürmten. Friedrich Wilhelm I. schuf die Basis für die spätere Macht- und Kriegspolitik Friedrichs II. und somit den Aufstieg Preußens zur zweiten deutschen und zur europäischen Großmacht.

Als am 20. Oktober 1740 überraschend Karl VI., der letzte männliche Habsburger, starb, wurde trotz der Prag-

Kaiserin und Königin Maria Theresia, Gemälde von Martin van Meytens, um 1770

matischen Sanktion, des Grundgesetzes des Hauses Habsburg von 1713, das von vielen Mächten anerkannt worden war, die Erbin Maria Theresia nicht überall akzeptiert. So erhob der bayerische Kurfürst Karl Albrecht Ansprüche auf das Erbe. Während sich eine Koalition des militärisch schwachen Bayern mit anderen Mächten gegen Maria Theresia anbahnte, fiel für alle unerwartet schon im Dezember 1740 der junge preußische König Friedrich II., gestützt auf ein großes wohlexerziertes Heer und einen reichen Kriegsschatz – bei recht fadenscheinigen Ansprüchen – letztlich nach dem Grundsatz »Macht vor Recht« in Schlesien ein. Der von den Österreichern im Frühjahr 1741 unternommene Versuch, Schlesien zurückzuerobern, scheiterte, da Friedrich sich in der Schlacht bei Mollwitz (10. April 1741) behaupten konnte. Der erste Schlesische Krieg wurde 1741 Teil des europaweiten Österreichischen Erbfolgekrieges (1741–1748). Hier standen sich auf der einen Seite Maria Theresia, Erzherzogin von Österreich und Königin von Böhmen und Ungarn, unterstützt von England, Russland und den Generalstaaten, und auf der anderen Seite Frankreich, Spanien, Kurbayern, Kursachsen, Schweden, Neapel und Preußen gegenüber, das allerdings aufgrund des Waffenstillstandes von Klein-Schnellendorf (9. Oktober 1741) vorübergehend aus der Koalition ausschied. Die Auseinandersetzung bekam dadurch eine besondere Note, dass Karl Albrecht von Bayern gegen den Gatten Maria Theresias, Franz Stephan von Lothringen, für die Kaiserwürde kandidierte und nach intensivem, vor allem von Frankreich betriebenem Wahlkampf tatsächlich zum Kaiser gewählt und am 12. Februar 1742 in Frankfurt gekrönt wurde. Karl VII., wie sich Karl Albrecht als Reichsoberhaupt nannte, fehlte jedoch die Machtbasis. Deshalb wurde er letztlich zum Spielball der Großmächte. Da die Österreicher während eines großen Teils seiner Kaiserzeit (1742–1745) Bayern besetzt hielten, residierte Karl VII. meist in der freien Reichsstadt Frankfurt.

Maria Theresias Kämpfe mit Friedrich II. von Preußen wurden nach mehreren preußischen Siegen auf dem Schlachtfeld durch den Frieden von Dresden (25. Dezember 1745) beendet, der Preußen den weiteren Besitz Schlesiens zugestand und die Großmachtstellung dieses von den Hohenzollern regierten Königreiches bestätigte. Der Österreichische Erbfolgekrieg, der sich vor allem in die katholischen Niederlande verlagerte, wurde allerdings erst durch den Frieden von Aachen (18. Oktober 1748) beendet.

Für Preußen war durch den Gewinn Schlesiens, eines der wirtschaftlich am besten entwickelten Gebiete des Heiligen Römischen Reiches, mit einer Bevölkerungszahl, die fast die Hälfte derjenigen der preußischen Monarchie vor 1740 ausmachte, ein gewaltiger Zuwachs erzielt. Dies war eine wichtige Voraussetzung für den Aufstieg zur Großmacht und für das Entstehen des österreichisch-preußischen Dualismus im Heiligen Römischen Reich. Dieser Dualismus führte nach wenigen Jahren zum Ausbruch des Siebenjährigen Krieges (1756–1763). Nachdem Preußen mit England am 16. Januar 1756 die Westminsterkonvention abgeschlossen hatte, fühlte sich Frankreich irritiert und stimmte dem von Österreich seit Jahren erstrebten Wechsel der Allianzen zu, d. h. einem Bündnis Frankreichs mit Österreich, das Friedrich II. isolieren sollte (Neutralitäts- und Verteidigungsbündnis vom 1. Mai 1756). Die Zarin Elisabeth war bereit, sich anzuschließen. Bevor die drei Mächte im Frühjahr 1757 einen Feldzug gegen Preußen hätten unternehmen können, eröffnete Friedrich noch im August 1756 durch einen Präventivschlag den Krieg. Unter Verletzung der Reichsfriedensordnung und unter Bruch des Landfriedens marschierte er im kursächsischen Nachbarterritorium ein, das mit Österreich verbündet war. Die Hoffnung auf eine schnelle Zerschlagung der Koalition erfüllte sich allerdings nicht. Vielmehr schloss sich jetzt die Koalition, zu der noch Schweden hinzukam, erst richtig aktiv gegen die Preußen zusammen. Auch der Reichstag beschloss mit Mehrheit die Exekution gegen den Friedensbrecher Preußen.

Im Verlauf des Krieges hat sich Friedrich II., der Große, durch ein beachtliches Durchhaltevermögen und seine geniale Feldherrnkunst gegen die Übermacht behauptet. Trotzdem wäre er nach zahlreichen siegreichen Schlachten fast gescheitert, so bei der vernichtenden Niederlage bei Kunersdorf am 12. August 1759. Letztlich kam ihm das Glück mehrmals zu Hilfe, und er wurde, um es mit seinen Worten auszudrücken, durch das »Mirakel des Hauses Brandenburg«, wie etwa den Tod seiner Erzfeindin, der Zarin Elisabeth, am 5. Januar 1762 gerettet. Durch den Frieden von Hubertusburg (15. Februar 1763) blieb der territoriale Besitzstand Preußens erhalten, d. h., das wirtschaftlich und demographisch bedeutende Schlesien blieb bis auf das kleine österreichische Schlesien mit Troppau preußisch. Die Gebietsverschiebung zu Gunsten Preußens im Reich und in Europa blieb nicht nur bestehen, sondern verstärkte sich noch zu Ungunsten Österreichs. Dies hatte Auswirkungen auf den Dualismus im Reich, das zur Zone laufender Auseinandersetzungen und Rivalitäten der beiden deutschen Großmächte wurde. Das galt für den Bayerischen Erbfolgekrieg 1778/79, wo nach dem Aussterben der bayerischen Wittelsbacher 1777 u. a. Friedrich II. verhinderte, dass Bayern im Austausch gegen die katholischen Niederlande zu Österreich kam, und auch für den Deutschen Fürstenbund von 1785. Damals wollten Karl Theodor von Pfalz-Bayern und Joseph II. erneut diesen Gebietstausch. Ausgerechnet Preußen, das spätestens seit 1740 weitgehend aus dem Reich hinausgewachsen war und sich im Allgemeinen wenig um das Wohl des Reiches kümmerte, schloss damals mit anderen Reichsständen, u. a. dem Reichserzkanzler und Kurfürsten von Mainz, ein Bündnis zur Stärkung der Reichsgewalt gegen ein Oberhaupt Joseph II., der sich fast nur noch um die Interessen der eige-

Die Zeit von 1648 bis 1789

König Friedrich II., der Große, Gemälde von F. Georg Weitsch, vermutlich 1780

nen Territorien und Dynastie kümmerte. Auch damals konnte der Tausch der habsburgischen Niederlande gegen Bayern verhindert werden. Bald sollten jedoch auf das Reich durch die 1789 ausgebrochene Revolution in Frankreich viel schwer wiegendere Probleme zukommen.

6
Die Koalitionskriege und das Ende des Reiches

Angesichts des durch die Französische Revolution von 1789 erfolgten Umsturzes der alten Rechtsordnung im Nachbarland und der durch sie ausgelösten modernen Kriege war das Alte Reich den Anforderungen der Zeit nicht mehr gewachsen. Seine konföderative Struktur mit vielen kleinen Territorien und Reichsstädten, die nur durch eine Rechtsordnung geschützt waren, ferner das lediglich auf kollektive Verteidigung ausgerichtete schwache Reichsmilitärwesen und die zahlreichen, zwar die Mitbestimmung vieler garantierenden, aber langwierigen und schwerfälligen Beratungs- und Entscheidungsgremien waren darauf angewiesen, dass nach dem Grundsatz »Recht vor Macht« die gewachsene, überkommene, aber auch archaische Struktur der Reichsfriedensordnung respektiert wurde. Aber dies war nach der Französischen Revolution mit ihrem modernen Ruf nach Freiheit, Gleichheit, Brüderlichkeit, ihrem militärischen Expansions- und Eroberungsdrang, mit der Schaffung von großen durch die Wehrpflicht aufgefüllten Volksheeren mit nationalistischer Motivation und vor allem auch durch die Eroberungspolitik Napoleons I., der einen großen Teil Europas unterwarf, nicht mehr gegeben. Von nun an galt bei der Neugestaltung Europas und auch besonders Mitteleuropas, d. h. des Reichsgebietes, zunehmend der Grundsatz »Macht vor Recht«. Deshalb musste der als veraltet geltende Reichskörper mit seiner auch die kleinen und kleinsten Herrschaftsgebiete schützenden Reichsfriedensordnung untergehen. Dieser Untergang vollzog sich von 1792 an bis 1806 in mehreren Etappen. Ab 1797 erfolgte er in dramatischer Schnelligkeit Schlag auf Schlag. Zunächst traf es die linksrheinischen Teile des Reiches, die nach ihrer Eroberung in die französische Republik eingegliedert wurden, und damit ebenfalls den zweiten Mann im Reich, den Kurfürsten von Mainz und Reichserzkanzler des Reiches, der 1797 von seinem Sitz und Kernland vertrieben wurde.

Joseph Görres, bekannt durch seine 1839 verfasste Kampfschrift *Athanasius*, in der er wortgewaltig und effizient die durch die Französische Revolution von 1789, die Säkularisation von 1802/03 und die Kölner Wirren 1837 stark gebeutelte und bedrängte katholische Kirche verteidigte, schrieb 1798 in seiner revolutionären, jakobinischen Lebensphase einen damals viel beachteten Grabgesang auf das Heilige Römische Reich. Für den Rheinländer Görres ging dieses nämlich schon 1797 mit der Eroberung von Mainz durch die Franzosen, d. h. des altehrwürdigen Sitzes des ersten geistlichen Kurfürsten und Reichserzkanzlers für Germanien, zu Ende. Görres schrieb am 7. Januar 1798 den immer wieder zitierten satirischen Abgesang: »Am dreysigsten December 1797, am Tage des Übergangs von Maynz, Nachmittags um drey Uhr, starb zu Regensburg in dem blühenden Alter von 955 Jahren, 5 Monaten, 28 Tagen sanft und selig an einer gänzlichen Entkräftung und hinzugekommenem Schlagflusse, bey völligem Bewußtsein und mit allen heiligen Sakramenten versehen, das heilige römische Reich schwerfälligen Andenkens«, und er schreibt am Schluss seiner *Rede auf den Untergang des Heiligen Römischen Reiches* (7. Januar 1798), einer Satire, die von den Aufklärern der Zeit mit großem Beifall aufgenommen wurde:

[...] ein stolzer Marmor [wird] folgende [...] mit dichterischem Feuer verfasste Grabinschrift der Nachwelt überliefern:

> Von der Sense des Todes gemäh't, atemlos und bleich,
> Liegt hier das heilige römische Reich.

Wandrer, schleiche dich leise vorbey, du mögest es wecken,
Und das Erstandene uns von neuem mit
Konklusen bedecken.
Ach! Wären die Franzosen nicht gewesen,
Es würde nicht unter diesem Steine verwesen.

*

Requiescat in Pace

Dieses satirische Gedicht des Revolutionärs, der vom Entstehen der neuen französischen Republik und Nation fasziniert war und das überkommene, föderative Reichsgebilde, das keinen Nationalstaat darstellte, verachtete, gibt ein Zerrbild, aber, wie gezeigt wurde, nicht die historische Wirklichkeit des Reiches und seiner positiven Leistungen wieder.

Dieser Grabgesang war zwar noch verfrüht, aber der weitere Auflösungsprozess des Heiligen Römischen Reiches vollzog sich recht schnell in mehreren Schritten. Schon beim Rastatter Kongress (9. Dezember 1797 – 23. April 1799) musste man der Abtretung des linksrheinischen Reichsgebietes an Frankreich offiziell zustimmen. Das Entschädigungsgeschäft, das in Wirklichkeit von Frankreich und Russland entschieden wurde, übertrug man formal, wie erwähnt, einer Reichsdeputation, d. h. einem Gremium des Reichstages, bestehend aus einigen wenigen mächtigen Reichsständen. Dabei wurden linksrheinische Verluste von 463 Quadratmeilen großzügig durch Entschädigungen rechts des Rheins von etwa 1131 Quadratmeilen ausgeglichen. Als Entschädigungsmasse dienten fast alle geistlichen Territorien sowie die Reichsstädte, abgesehen von Lübeck, Hamburg, Bremen, Augsburg, Nürnberg und Frankfurt. Damit hatte man die wichtigsten Stützen des Reiches beseitigt. Als Hauptgewinner erwiesen sich Preußen, Bayern, Württemberg, Baden und Hessen, die nach der vollen Souveränität im Inneren wie nach außen hin strebten. Dafür war es allerdings nötig, die neu gebildeten Staaten durch Mediatisierung der noch verbliebenen im jeweiligen Staatsgebiet eingesprengten kleineren Territorien und Reichsritterschaftsgebiete zu arrondieren und zu wirklich geschlossenen Staatsgebilden umzuformen. Obwohl Kaiser und Reichstag noch im Januar 1804 versuchten, die Kleinen zu retten, waren diese reichsunmittelbaren Territorien in einer Zeit, als der Grundsatz »Macht vor Recht« galt, auf die Dauer nicht mehr zu halten. So wurden sie unter Bruch der Reichsverfassung bis 1806 vernichtet und mediatisiert. Dies galt sogar für die großen süddeutschen Reichsstädte Augsburg, Nürnberg und Frankfurt. Aber auch der Kaiser hatte nach all den Verletzungen der Verfassung am 10. August 1804 diese selbst gebrochen. Franz II. nahm nämlich als Franz I. den erblichen Titel eines österreichischen Kaisers an. Dem Reichsoberhaupt schien nun die altehrwürdige Kaiserkrone des Heiligen Römischen Reiches, die er ja noch trug, ziemlich gleichgültig zu sein.

In dieser Situation der allgemeinen Auflösung und des weitgehend bedeutungslos gewordenen Reichsverbandes war es nicht verwunderlich, dass zunächst 16 süd- und westdeutsche Fürsten auf Betreiben Napoleons I. einen Rheinbund bildeten, der unter dem Protektorat des Kaisers der Franzosen stand. Diese Unterordnung unter Frankreich widersprach natürlich der Reichsverfassung, so dass die Mitgliedschaft beim Rheinbund den Austritt aus dem Reichsverband bedeutete. Die groß gewordenen Rheinbundfürsten gaben deshalb ihre alten Titel des Reiches, d.h. die eines Kurfürsten, Landgrafen oder Markgrafen, auf und nahmen von Napoleons Gnaden die viel besser klingenden höherrangigen Titel eines Königs oder Großherzogs an. Ab 1808 bestand dann der Rheinbund schließlich aus 4 Königreichen (Bayern, Württemberg, Sachsen, Westfalen), 5 Großherzogtümern, 11 Herzogtümern, 16 Fürstentümern und 3 Städten sowie dem Fürstprimas Karl Theodor von Dalberg, der am 31. Juli 1806 die Würde eines Erzkanzlers, somit des zweiten Mannes des Heiligen Römischen Reiches, niedergelegt hatte. Dalbergs Versuche, das Reich noch zu retten, blieben nämlich erfolglos. Angesichts der allgemeinen Situation sowie eines französischen Ultimatums war es nur konsequent, dass Franz II. die Reichskrone niederlegte. Am 6. August 1806 verkündete dann schließlich ein Herold von der Balustrade der Kirche »Von den neun Chören der Engel« in Wien aus unter den Klängen der Fanfaren die letzte Erklärung eines Kaisers des Heiligen Römischen Reiches. Franz II. gab damals dem versammelten Volk bekannt, dass er die alte Kaiserkrone niederlege und das Heilige Römische Reich für beendet erkläre.

V
Schlussbetrachtung: Würdigung des Alten Reiches und seiner Verfassung

Während der 320 hier behandelten Jahre von 1486 bis 1806 war das Reich von einem Dualismus zwischen dem Reichsoberhaupt und den auf ihre Eigenständigkeit pochenden Reichsständen geprägt. Wenn sich auch das Gewicht beider je nach Machtsituationen verschob, so blieb das Reich im Gegensatz zum französischen Nachbarland immer ein föderatives Staatsgebilde, das sich nicht zum modernen Nationalstaat entwickelte. Zeitweilige Versuche Kaiser Karls V. oder Ferdinands II., die Macht des Kaisertums stark zu Ungunsten der Reichsstände zu verschieben und eine relativ einheitliche Universalmonarchie zu schaffen, scheiterten. So blieb das Heilige Römische Reich besonders seit 1648 ein lockerer Staatsverband, eine Art Europa der Regionen, wo letztlich nach dem Subsidiaritätsprinzip das meiste auf der Ebene der Territorien und Reichsstädte, weniger von den Reichskreisen und noch weniger auf der Ebene des gesamten Reiches geregelt wurde.

Damit bot das Reich einen sehr günstigen Rahmen für territoriale, gesellschaftliche, wirtschaftliche, religiöse und kulturelle Vielfalt. Dies gilt in ganz besonderem Maße für die diversifizierte Kultur, die vor allem nach 1648 eine hohe Blüte erlebte. Das wurde durch die vielen Residenzen und Höfe, die wichtige Kulturzentren waren, und durch die für Europa exzeptionelle Gleichberechtigung der drei großen christlichen Konfessionen (Katholizismus, Luthertum, Kalvinismus) ermöglicht. Die verschiedenen religiös bestimmten Kulturen konnten sich nämlich sehr gut nebeneinander, gegeneinander und sich gegenseitig befruchtend entwickeln.

Natürlich gab es im Reich wie in allen anderen Ländern Europas, besonders in immer wieder hereinbrechenden Kriegszeiten, viel Gewalt, Not und Leid. Hungersnöte und Seuchen, die ohnehin häufig auftraten, konnten bei diesen kriegerischen Auseinandersetzungen schlimme Ausmaße annehmen und ließen dann die Zahl der Armen anschwellen. Das galt besonders, wie erwähnt, im Dreißigjährigen Krieg.

In mancher Hinsicht könnte dieses Reichsgebilde, das im Gegensatz zu Frankreich keinen Nationalstaat darstellte, sondern vor allem seit 1648 eine durch eine Friedens- und Rechtsordnung und einige gemeinsame Institutionen zusammengehaltene Konföderation, zur Orientierung für ein zu schaffendes Europa der Regionen dienen. Galt dieses Gebilde lange Zeit als besonders zurückgeblieben, morsch und schwach, so wird es von heutigen Historikern vielfach positiver bewertet. Johannes Burkhardt bezeichnet sogar die Verfassungsentwicklung des Heiligen Römischen Reiches wegen seiner »wohl einmaligen Dichte politischer Beratungs- und Beschlussgremien« als »verfrüht«. Er betont, dort sei »verfassungsstrukturell in der frühen Neuzeit schon erledigt [...], was andere jetzt, im 21. Jahrhundert, gerade erst zu diskutieren beginnen«.

Wenn man die Vorteile des Reiches analysiert, die auch heute noch interessant sind, so wären der konfessionelle Ausgleich und die konfessionelle Vielfalt, eine gewisse Verschiedenheit der Sprachen und deren weitgehende Duldung sowie die große kulturelle und wirtschaftliche Vielfalt, ferner eine Art gemeinsame Leitwährung und schließlich ein ausgeprägtes Gemeinschaftsbewusstsein der Mehrzahl der Reichsmitglieder zu nennen.

Als Nachteil schlug allerdings die Gefahr zu Buche, dass wegen der unterschiedlichen Interessenlagen auf den Reichsversammlungen endlos diskutiert wurde und man nur mit Schwierigkeiten Beschlüsse und Kompromisse fand. Angesichts der Schwäche der Zentrale konnte man außerdem bei Pflichtverletzung nur gegen die kleinen und weniger bedeutenden, nicht aber gegen die mächtigen Mitglieder vorgehen. Die beiden größten (Preußen und Österreich), die in hohem Maße eine Politik der eigenen Macht- und Staatsinteressen betrieben, wuchsen ab 1740 praktisch weitgehend aus dem Reichsverband heraus. Außerdem war das nur für einen Verteidigungskrieg geeignete Reichsheer modernen Armeen, die im Interesse ihrer Eroberungspolitik und Staatsraison angriffen, nicht gewachsen. Schließlich war die Verfassungsstruktur, die zwar offen blieb, aber doch nur mit Zustimmung all dieser Partikulargewalten hätte verändert und reformiert werden können, zu unbeweglich und starr.

Trotzdem sah der vor über 250 Jahren gestorbene Staatstheoretiker und Geistliche Charles Abbé de Saint-Pierre, der 1712/13 seinen Traktat vom ewigen Frieden publizierte und eine Art Völkerbund zur Erhaltung des allgemeinen Friedens entwarf, das Heilige Römische Reich mit dem Reichstag und den höchsten Gerichten als Kontrollinstitutionen als weises Modell für die Friedenserhaltung in Europa an.

Tabellen

Die Kaiser des Heiligen Römischen Reiches (1486–1806)

Friedrich III. (1440/52–1493)[1]	(Haus Habsburg)	*1415, dt. König 1440, Kaiser 1452
Maximilian I. (1486/93–1519)	(Haus Habsburg)	*1459, röm.[2] König 1486, Kaiser 1493
Karl V. (1519–1556)	(Haus Habsburg)	*1500, Kaiser 1519, Abdankung 1556, gest. 1558
Ferdinand I. (1556–1564)	(Haus Habsburg)	*1503, röm. König 1531, Kaiser 1556/58
Maximilian II. (1564–1576)	(Haus Habsburg)	*1527, Kaiser 1564
Rudolf II. (1576–1612)	(Haus Habsburg)	*1552, röm. König 1575, Kaiser 1576
Matthias (1612–1619)	(Haus Habsburg)	*1557, Kaiser 1612
Ferdinand II. (1619–1637)	(Haus Habsburg)	*1578, Kaiser 1619
Ferdinand III. (1637–1657)	(Haus Habsburg)	*1608, röm. König 1636, Kaiser 1637
Ferdinand IV. (1653–1654)	(Haus Habsburg)	*1633, röm. König 1653
Leopold I. (1658–1705)	(Haus Habsburg)	*1640, Kaiser 1658
Joseph I. (1705–1711)	(Haus Habsburg)	*1678, röm. König 1690, Kaiser 1705
Karl VI. (1711–1740)	(Haus Habsburg)	*1685, Kaiser 1711

1 Wenn nicht anders vermerkt, auch Todesjahr.
2 Der römische König wurde von den Kurfürsten zu Lebzeiten des regierenden Kaisers mit dem Recht der Nachfolge gewählt.

Karl VII. (1742–1745)	(Haus Wittelsbach)	*1697, Kaiser 1742
Franz I. Stephan (1745–1765)	(Haus Lothringen)	*1708, Kaiser 1745
Joseph II. (1765–1790)	(Haus Lothringen-Habsburg)	*1741, röm. König 1764, Kaiser 1765
Leopold II. (1790–1792)	(Haus Lothringen-Habsburg)	*1747, Kaiser 1792
Franz II. (1792–1806)	(Haus Lothringen-Habsburg)	*1768, Kaiser 1792, ab 1804 Kaiser Franz I. von Österreich (1804–1835), Niederlegung der Krone des Hl. Röm. Reiches 1806

Die Reichserzkanzler, Erzbischöfe und Kurfürsten von Mainz (1486–1802)

Berthold von Henneberg-Römhild	1484–1504
Jakob von Liebenstein	1505–1508
Uriel von Gemmingen-Michelfeld	1508–1514
Albrecht von Brandenburg	1514–1545
Sebastian von Heusenstamm	1546–1555
Daniel Brendel von Homburg	1555–1582
Wolfgang von Dalberg	1582–1601
Johann Adam von Bicken	1601–1604
Johann Schweikard von Kronberg	1604–1626
Georg Friedrich Greiffenclau von Vollrads	1627–1629
Anselm Casimir Wamboldt von Umstadt	1630–1647
Johann Philipp von Schönborn	1649–1673
Lothar Friedrich von Metternich-Burscheid	1673–1675, ab 1671 Koadjutor[1]
Damian Hartard von der Leyen	1676–1678
Karl Heinrich von Metternich-Winneburg	1679
Anselm Franz von Ingelheim	1680–1695
[Ludwig Anton von Pfalz-Neuburg	Koadjutor 1691–1694]
Lothar Franz von Schönborn	1695–1729, ab 1694 Koadjutor
Franz Ludwig von Pfalz-Neuburg	1729–1732, ab 1710 Koadjutor
Philipp Karl von Eltz	1732–1743
Johann Friedrich Karl von Ostein	1743–1763
Emmerich Joseph von Breidbach zu Bürresheim	1763–1774
Friedrich Karl Joseph von Erthal	1775–1802
Karl Theodor von Dalberg	1802, ab 1788 Koadjutor, 1803–1817 Administrator, Kurfürst und Erzbischof [1805] von Regensburg, Primas von Deutschland

[1] Stellvertreter mit dem Recht der Nachfolge.

Literatur in Auswahl

Abel, Wilhelm: Geschichte der deutschen Landwirtschaft vom frühen Mittelalter bis zum 19. Jahrhundert. Stuttgart ³1995.

Angermeier, Heinz: Die Reichsreform 1410–1555. Die Staatsproblematik in Deutschland zwischen Mittelalter und Gegenwart. München 1984.

Aretin, Karl Otmar von: Das Alte Reich 1648–1806. Bd. 1–3. Stuttgart 1993–97.

– Das Heilige Römische Reich 1776–1806. 2 Bde. Wiesbaden 1967.

Battenberg, Friedrich: Das europäische Zeitalter der Juden. Zur Entwicklung einer Minderheit in der nichtjüdischen Umwelt Europas. 2 Bde. Darmstadt 1990.

Begert, Alexander: Böhmen, die böhmische Kur und das Reich vom Hochmittelalter bis zum Ende des Alten Reiches. Studien zur Kurwürde und zur staatsrechtlichen Stellung Böhmens. Husum 2003.

Braunfels, Wolfgang: Die Kunst im Heiligen Römischen Reich Deutscher Nation. 6 Bde. München 1979–89.

Burkhardt, Johannes: Europäische Nachzügler oder institutionelle Vorreiter? Plädoyer für einen neuen Entwicklungsdiskurs zur konstruktiven Doppelstaatlichkeit des frühmodernen Reiches. In: Imperium Romanum – irregulare corpus – Teutscher Reichs-Staat. Das Alte Reich im Verständnis der Zeitgenossen und der Historiographie. Hrsg. von Matthias Schnettger. Mainz 2002. S. 297–316.

Büsching, Anton Friedrich: Erdbeschreibung. Bd. 3. Hamburg ⁷1789. – Bd. 7. Ebd. ⁷1790.

Conrad, Hermann: Deutsche Rechtsgeschichte. Bd. 2: Neuzeit bis 1806. Karlsruhe 1966.

– (Hrsg.): Recht und Verfassung des Reiches in der Zeit Maria Theresias. Die Vorträge zum Unterricht des Erzherzogs Joseph. Köln/Opladen 1964.

Diestelkamp, Bernhard (Hrsg.): Die politische Funktion des Reichskammergerichts. Köln [u. a.] 1993.

Dotzauer, Winfried: Die deutschen Reichskreise (1383–1806). Geschichte und Aktenedition. Stuttgart 1998.

Duchhardt, Heinz: Deutsche Verfassungsgeschichte 1495–1806. Stuttgart 1991.
– Protestantisches Kaisertum und Altes Reich. Die Diskussion über die Konfession des Kaisers in Politik, Publizistik und Staatsrecht. Wiesbaden 1977.
Dülmen, Richard van: Kultur und Alltag in der frühen Neuzeit. 3 Bde. München 1990–94.
Endres, Rudolf: Adel in der frühen Neuzeit. München 1993.
François, Etienne: Die unsichtbare Grenze. Protestanten und Katholiken in Augsburg 1648–1806. Sigmaringen 1991.
Franz, Günther: Der Dreißigjährige Krieg und das deutsche Volk. Stuttgart ⁴1979.
Fürnrohr, Walter: Der immerwährende Reichstag zu Regensburg. Regensburg/Kallmünz 1964.
Gall, Lothar (Hrsg.): Stadt und Bürgertum im Übergang von der traditionellen zur modernen Gesellschaft. München 1993.
Gatz, Erwin (Hrsg.): Die Bischöfe des Heiligen Römischen Reiches. Bd. 2/3. Berlin 1990/96.
– Die Bistümer des Heiligen Römischen Reiches. Von ihren Anfängen bis zur Säkularisation. Freiburg i. Br. 2003.
Gotthard, Axel: Das Alte Reich 1495–1806. Darmstadt 2003.
– Säulen des Reiches. Die Kurfürsten im frühneuzeitlichen Reichsverband. 2 Bde. Husum 1999.
Härter, Karl: Das Kurmainzer Reichstagsdirektorium: eine zentrale reichspolitische Schaltstelle des Reichserzkanzlers im Reichssystem. In: Der Mainzer Kurfürst als Reichserzkanzler. Hrsg. von Peter C. Hartmann. Stuttgart 1997. S. 171–203.
– Reichstag und Revolution 1789–1806. Die Auseinandersetzungen des Immerwährenden Reichstags zu Regensburg mit den Auswirkungen der Französischen Revolution auf das alte Reich. Göttingen 1992.
Hartmann, Peter C.: Bevölkerungszahlen und Konfessionsverhältnisse des Heiligen Römischen Reiches deutscher Nation und der Reichskreise am Ende des 18. Jahrhunderts. In: Zeitschrift für historische Forschung 22 (1995) S. 345–352.
– Kulturgeschichte des Heiligen Römischen Reiches 1648 bis 1806. Verfassung, Religion und Kultur. Wien [u. a.] 2001.
– Rolle, Funktion und Bedeutung der Reichskreise im Heiligen Römischen Reich deutscher Nation. In: Reichskreis und Terri-

torium: Die Herrschaft über die Herrschaft? Hrsg. von Wolfgang Wüst. Stuttgart 2000. S. 27–37.
Hartmann, Peter C. (Hrsg.): Der Mainzer Kurfürst als Reichserzkanzler. Funktionen, Aktivitäten, Ansprüche und Bedeutung des zweiten Mannes im Alten Reich. Stuttgart 1997.
– Regionen der Frühen Neuzeit. Reichskreise im deutschen Raum, Provinzen in Franken, Regionen unter polnischer Oberhoheit. Ein Vergleich ihrer Struktur, Funktion und Bedeutung. Berlin 1994.
Hersche, Peter: Intendierte Rückständigkeit: Zur Charakteristik des geistlichen Staates im Alten Reich. In: Stände und Gesellschaft im Alten Reich. Hrsg. von Georg Schmidt. Stuttgart 1989. S. 133–149.
Herzig, Arno: Jüdische Geschichte in Deutschland von den Anfängen bis zur Gegenwart. München 1997.
Hippel, Wolfgang von: Armut, Unterschichten, Randgruppen in der frühen Neuzeit. München 1995.
Kocka, Jürgen: Sozialgeschichte: Begriff – Entwicklung – Probleme. Göttingen ²1986.
Lanzinner, Maximilian: Friedenssicherung und politische Einheit des Reiches unter Maximilian II. (1564–1576). Göttingen 1993.
Lutz, Heinrich: Reformation und Gegenreformation. München/Wien ³1991.
Magen, Ferdinand: Die Reichskreise in der Epoche des 30jährigen Krieges. Ein Überblick. In: Zeitschrift für historische Forschung 9 (1982) S. 409–460.
Marquardt, Bernd: Das Römisch-Deutsche Reich als segmentäres Verfassungssystem (1348–1806/48). Versuch zu einer neuen Verfassungstheorie auf der Grundlage der lokalen Herrschaften. Zürich 1999.
Maurer, Michael: Die Biographie des Bürgers. Lebensformen und Denkweisen in der formativen Phase des deutschen Bürgertums (1680–1815). Göttingen 1991.
Meid, Volker: Das Reclam Buch der deutschen Literatur. Stuttgart 2004.
Menger, Christian F.: Deutsche Verfassungsgeschichte der Neuzeit. Eine Einführung in ihre Grundlagen. Heidelberg [u. a.] ⁵1981.
Mitteis, Heinrich / Lieberich, Heinz: Deutsche Rechtsgeschichte. Ein Studienbuch. München ¹⁸1988.
Möller, Bernd: Deutschland im Zeitalter der Reformation. Göttingen 1977.

Moser, Johann Jacob: Einleitung in das Churfürstlich-Maynzische Staats-Recht. Frankfurt a. M. 1755.
- Grund-Riß der heutigen Staatsverfassung des Teutschen Reiches. Tübingen 1754.
- Teutsches Staatsrecht. 48 Bde. Frankfurt a. M. / Leipzig 1746–52.

Müller, Rainer A.: Der Fürstenhof in der frühen Neuzeit. München 1995.

Münch, Paul: Lebensformen in der frühen Neuzeit 1500 bis 1800. Baden ²1998.

Neuhaus, Helmut: Das Reich in der frühen Neuzeit. München ³2003.
- Reichsständische Repräsentationsformen im 16. Jahrhundert. Reichstag – Reichskreistag – Reichsdeputationstag. Berlin 1982.

Nicklas, Thomas: Macht oder Recht. Frühneuzeitliche Politik im Obersächsischen Reichskreis. Stuttgart 2002.

Noël, Jean-François: Le Saint-Empire. Paris ³1993.
- Zur Geschichte der Reichsbelehnungen im 18. Jahrhundert. In: Mitteilungen des Österreichischen Staatsarchivs 21 (1968) S. 106–122.

Press, Volker: Adel im Alten Reich. Gesammelte Vorträge und Aufsätze. Hrsg. von Franz Brendle und Anton Schindling. Tübingen 1998.
- Kriege und Krisen. Deutschland 1600–1715. München 1991.

Rabe, Horst: Deutsche Geschichte 1500–1600. Das Jahrhundert der Glaubensspaltung. München 1991.
- Reich und Glaubensspaltung. Deutschland 1500–1600. München 1989.

Ritter, Moriz: Deutsche Geschichte im Zeitalter der Gegenreformation und des Dreißigjährigen Krieges (1555–1648). 3 Bde. Stuttgart 1889–1908. (Neudr. Darmstadt 1962.)

Roeck, Bernd: Lebenswelt und Kultur des Bürgertums in der Frühen Neuzeit. München 1991.

Saalfeld, Diedrich: Die ständische Gliederung der Gesellschaft Deutschlands im Zeitalter des Absolutismus. In: Vierteljahrsschrift für Sozial- und Wirtschaftsgeschichte 67 (1980) S. 457–483.

Schilling, Heinz: Aufbruch und Krise. Deutschland 1517–1648. Berlin 1988.

Schindling, Anton: Bildung und Wissenschaft in der frühen Neuzeit. München 1994.

Schindling, Anton: Die Anfänge des Immerwährenden Reichstags zu Regensburg. Ständevertretung und Staatskunst nach dem Westfälischen Frieden. Mainz 1991.
Schmid, Peter: Der Gemeine Pfennig von 1495. Vorgeschichte und Entstehung, verfassungsgeschichtliche, politische und finanzielle Bedeutung. Göttingen 1989.
Schmidt, Georg: Geschichte des Alten Reiches. Staat und Nation in der frühen Neuzeit 1495–1806. München 1999.
Schulze, Winfried: Deutsche Geschichte im 16. Jahrhundert 1500–1618. Frankfurt a. M. 1987.
Treitschke, Heinrich von: Deutsche Geschichte des Neunzehnten Jahrhunderts. 5 Tle. Leipzig ¹¹1923.
Trossbach, Werner: Bauern 1648–1806. München 1993.
Volckart, Oliver: Politische Zersplitterung und Wirtschaftswachstum im Alten Reich, ca. 1650–1800. In: Vierteljahrsschrift für Sozial- und Wirtschaftsgeschichte 86 (1999) S. 1–38.
Weber, Hartwig: »Von der verführten Kinder Zauberei«. Hexenprozesse gegen Kinder im alten Württemberg. Sigmaringen 1996.
Weinfurter, Stefan: Wie das Reich heilig wurde. In: Königsherrschaft in Europa. Eine historisch vergleichende Typologie. Hrsg. von Bernhard Jussen [u. a.]. München [in Vorb].
Weis, Eberhard: Gesellschaftsstrukturen und Gesellschaftsentwicklung in der frühen Neuzeit. In: Karl Bosl und E. W.: Die Gesellschaft in Deutschland. Bd. 1. München 1976. S. 1–14.
Wüst, Wolfgang: Geistlicher Staat und Altes Reich: Frühneuzeitliche Herrschaftsformen, Administration und Hofhaltung im Augsburger Fürstbistum. München 2001.

Nachwort und Dank

Der Intention dieser Art von kurzen Synthesen entsprechend wird hier in einer gut gegliederten straffen Darstellung das Wesentliche unter Einarbeitung des neuesten Forschungsstandes, aber ohne wissenschaftlichen Apparat, möglichst verständlich geschrieben, gebracht. Wie bei solchen Darstellungen üblich, stütze ich mich hier zum großen Teil auf die Forschungsergebnisse anderer und nur zum kleineren Teil auf eigene. Die wichtigsten herangezogenen Autoren sind im Text und vor allem in der Auswahlbibliographie erwähnt. Das Bändchen ist für einen allgemein interessierten Leserkreis und für Studierende konzipiert. Deshalb soll auch eine Auswahlbibliographie zu weiteren, vertiefenden Studien anregen.

So bleibt mir, meiner Schülerin Charlotte Backerra und meinem Schüler Markus Gabel zu danken, die mir beim Schreiben und Formatieren des Textes und der Graphiken geholfen haben, ferner dem Verlag für die gute Zusammenarbeit.

Peter C. Hartmann

Register

Angelus Silesius, Dichter 132
Auersperg, Andreas von, kaiserlicher Heerführer 142
August (der Starke), Kurfürst von Sachsen, König von Polen 32, 152

Bach, Carl Philipp Emanuel, Komponist 128
Bach, Johann Sebastian, Komponist 126, 128
Balde Jakob, Dichter, Jesuitenpater 132
Beck, Christian August von, Staatsrechtler 39, 46 f., 71
Bernhard von Sachsen-Weimar, Heerführer 146
Berthold von Henneberg, Kurfürst von Mainz 18
Büsching, Anton Friedrich, Geograph 48, 130

Calvin, Jean, Reformator 119
Christian IV., König von Dänemark 145

Dalberg, Karl Theodor von, Erzkanzler, Primas 162

Elisabeth, Zarin von Russland 155
Ernst II., Graf zu Mansfeld, Heerführer 145
Eugen, Prinz von Savoyen, österr. Staatsmann und Heerführer 149, 151

Feichtmayr, Franz Xaver, Stuckateur 125
Ferdinand I., röm.-dt. Kaiser 25 f., 44, 67, 139–141
Ferdinand II., röm.-dt. Kaiser 15, 27 f., 59, 61, 72, 142, 144 f., 163

Ferdinand III., röm.-dt. Kaiser 30, 67
Ferdinand von Aragon, König von Aragon, von Sizilien, von Kastilien-León, von Neapel 138
Franz I., röm.-dt. Kaiser, vorher Franz Stephan, Herzog von Lothringen 12, 58, 154
Franz II., röm.-dt. Kaiser 161 f.
Franz I., König von Frankreich 139, 140
Friedrich I. Barbarossa, Kaiser 9
Friedrich III., röm.-dt. Kaiser 18, 42, 67, 138
Friedrich V., Kurfürst von der Pfalz, König von Böhmen 28, 61, 72, 144
Friedrich I., König in Preußen 152
Friedrich II., der Große, König in Preußen 63, 65, 152, 154–157
Friedrich Wilhelm, Kurfürst von Brandenburg 152
Friedrich Wilhelm I., König in Preußen 152
Fux, Joseph, Komponist 128

Georg Wilhelm, Kurfürst von Brandenburg 28
Gerhardt, Paul, Kirchenlieddichter 132
Gluck, Christoph Willibald Ritter von, Komponist 128
Görres, Joseph, Schriftsteller 159
Goethe, Johann Wolfgang, Dichter 132
Gottsched, Johann Christoph, Literaturkritiker 132
Gryphins, Andreas, Dichter 131
Gustav II. Adolf, König von Schweden 143, 145 f.

Händel, Georg Friedrich, Komponist 128

Hassan, Pascha von Bosnien 142
Haydn Joseph, Komponist 128
Heinrich II., König von Frankreich 140 f.
Herder, Johann Gottfried, Dichter 132
Horn, Gustav, Heerführer 146

Isabella von Kastilien, Königin von Kastilien-León 138

Johann Friedrich, Kurfürst von Sachsen 61
Johann Sobieski, König von Polen 149
Johann Wilhelm, Kurfürst von der Pfalz 61
Johanna von Spanien (die Wahnsinnige), Erbtochter Ferdinands von Aragon und Isabellas von Kastilien 138
Joseph I., röm.-dt. Kaiser 61, 67
Joseph II., röm.-dt. Kaiser 39, 156
Joseph Clemens, Kurfürst von Köln 62

Karl Albrecht s. Karl VII.
Karl I. (der Große), Kaiser 9, 58
Karl IV., röm.-dt. Kaiser 41
Karl V., röm.-dt. Kaiser, als Karl I. König von Spanien 15 f., 21 f., 24, 44, 59, 67, 136–140, 163
Karl VI., röm.-dt. Kaiser 63 f., 151 f.
Karl VII., röm.-dt. Kaiser, als bayerischer Kurfürst Karl Albrecht 58, 64, 67, 88, 154
Karl der Kühne, Herzog von Burgund 138
Karl II., König von Spanien 151
Karl II., Kurfürst von der Pfalz 150
Karl Joseph, Fürstbischof von Passau 96
Karl Theodor, Kurfürst von Pfalzbayern 65, 156

Karl V. Leopold, Herzog von Lothringen, österr. Feldmarschall 149
Khlesl, Melchior, Bischof von Wien, Kardinal 97
Klopstock, Gottlieb, Dichter 132
Kunigunde, Reichsäbtissin von Essen 112

Lang, Ritter von, Aufklärer 69
Lasso, Orlando di, Komponist 128
Leibniz, Gottfried Wilhelm, Universalgelehrter 130
Leopold I., röm.-dt. Kaiser 148 f.
Leopold II., röm.-dt. Kaiser 66
Leopold, Fürstbischof von Passau 96
Leopold Wilhelm, Fürstbischof von Passau 96
Lessing, Gotthold Ephraim, Dichter, Literaturkritiker 132
Lieselotte von der Pfalz, Schwägerin Ludwigs XIV., König von Frankreich 150
Ludwig II., König von Ungarn 136, 139
Ludwig XIV., König von Frankreich 12, 15, 149–151
Ludwig XV., König von Frankreich 12
Ludwig von Baden (Türkenlouis), Markgraf von Baden-Baden 149
Luise von Savoyen, Gräfin von Angouleme, Mutter Franz' I., König von Frankreich 140

Margarete von Österreich 138, 140
Maria von Burgund, Herzogin von Burgund, Erbtochter Karls des Kühnen 138
Maria von Österreich, Königin von Ungarn 139
Maria Theresia, Erzherzogin von Österreich, Königin von Ungarn

und Böhmen, Kaiserin 12, 58, 153–155
Marlborough, John Churchill, Herzog von, engl. Heerführer 151
Martin Luther, Reformator 16, 20, 28, 118 f., 126, 131
Matthias, röm.-dt. Kaiser 142
Max II. Emanuel, Kurfürst von Bayern 61–64, 149
Maximilian I., röm.-dt. Kaiser 18–20, 67, 138 f.
Maximilian II., röm.-dt. Kaiser 25, 141
Maximilian I., Herzog, später Kurfürst von Bayern 27–29, 61, 72, 144
Mélac, franz. Offizier 150
Metternich, Klemens, Fürst von M.-Winneburg, österr. Staatsmann 69
Mömann, Freiherr von, bayer. Gesandter 64
Moriz, Herzog, dann Kurfürst von Sachsen 61, 141
Moser, Johann Jakob, Staatsrechtler 39, 70
Mozart, Wolfgang Amadeus, Komponist 128
Muhammed III., Sultan 142
Mustafa, Fâzil, Großwesir 149

Napoleon I., Kaiser der Franzosen 15, 17, 36, 158
Nikolaus V., Papst 42

Opitz, Martin, Dichter 131
Otto I., der Große, Kaiser 9
Oxenstijerna, Axel Graf, schwed. Kanzler 146

Philipp V., König von Spanien 151
Philipp von Österreich (der Schöne), Herzog von Burgund 138
Prielmair, Korbinian, Hofkammerpräsident 95
Pufendorf, Samuel, Staatsrechtler 39

Roth, Johann Richard, Staatsrechtler 70
Rudolf II., röm.-dt. Kaiser 26, 67, 141 f.

Saint-Pierre, Charles Abbé de, Staatstheoretiker 165
Schiller, Friedrich, Dichter 132
Schütz, Heinrich, Komponist 128
Selim II., Sultan 141
Sigmund, röm.-dt. Kaiser 17
Spee, Friedrich von Langenfeld, Kirchenlieddichter, Jesuitenpater 132, 134
Stamitz, Johann, Komponist 128
Stanislaus Leszczynski, poln. König 12
Suleiman II., Sultan 140 f.

Tilly, Johann Tserclaes Graf von, Heerführer 144–146

Wallenstein, Albrecht von, kaiserlicher Feldherr, Herzog 29, 145 f.
Wieland, Christoph, Martin, Schriftsteller 132
Winck, Christian, Maler 125

Zwingli, Ulrich, Reformator 119

Zum Autor

PETER CLAUS HARTMANN, geboren 1940, studierte Geschichte und Romanistik in München und Paris. Dr. phil., Dr. U. (h.) Universität Paris. Prof. für Neuere Geschichte und Bayerische Landesgeschichte an der Universität Passau (1981–1988), o. Prof. für Allgemeine und Neuere Geschichte an der Johannes-Gutenberg-Universität Mainz (seit 1988).

Publikationen in Auswahl: Geld als Instrument europäischer Machtpolitik im Zeitalter des Merkantilismus. 1978. – Karl Albrecht – Karl VII. 1985. – Der Jesuitenstaat in Südamerika. 1994. – Der Bayerische Reichskreis (1500–1803). 1997. – Kulturgeschichte des Heiligen Römischen Reiches 1648 bis 1806. 2001. – Die Jesuiten. 2001. – Französische Verfassungsgeschichte der Neuzeit (1450–2002). ²2003. – Geschichte Frankreichs. ³2003. – Bayerns Weg in die Gegenwart. ²2004. – Ferner Herausgeber folgender einschlägiger Sammelwerke: Regionen in der Frühen Neuzeit. 1994. – Der Mainzer Kurfürst als Reichserzkanzler. 1997. – Kurmainz, das Reichskanzleramt und das Reich. 1998. – Reichskirche – Mainzer Kurstaat – Reichserzkanzler. 2001. – Die Mainzer Kurfürsten des Hauses Schönborn als Reichserzkanzler und Landesherren. 2002. – Religion und Kultur im Europa des 17. und 18. Jahrhunderts. 2004. – (Mithrsg.) Mainzer Studien zur Neueren Geschichte. 2000 ff.

Geschichte

IN RECLAMS UNIVERSAL-BIBLIOTHEK

Auswahl

Arnold, John H.: Geschichte. Eine kurze Einführung. Übers.: K. Schuler. 168 S. 20 Abb. UB 17026

Baruch, Marc Olivier: Das Vichy-Regime. Frankreich 1940–1944. Übers.: B. Martens-Schöne. Für die deutsche Ausgabe bearb. von St. Martens. 224 S. 8 Abb. 1 Kt. UB 17021

Brown, Peter: Autorität und Heiligkeit. Aspekte der Christianisierung des Römischen Reiches. 128 S. UB 9709

Brunn, Gerhard: Die Europäische Einigung. Von 1945 bis heute. 429 S. UB 17038

Daten zur antiken Chronologie und Geschichte. Hrsg.: M. Deißmann. 213 S. UB 8628

Finley, Moses I.: Antike und moderne Demokratie. Mit einem Essay von Arnaldo Momigliano. 146 S. UB 9966

Feldkamp, Michael F.: Regentenlisten und Stammtafeln zur Geschichte Europas vom Mittelalter bis zur Gegenwart. 444 S. UB 17034

Die Französische Revolution. Ein Lesebuch mit zeitgenössischen Berichten und Dokumenten. Hrsg.: Ch. E. Paschold u. A. Gier. 395 S. 22 Abb. 3 Kt. UB 8535

Friedrich der Große: Das Politische Testament von 1752. Übers.: F. von Oppeln-Bronikowski, Nachw.: E. Most. 195 S. UB 9723

Geschichte schreiben in der Postmoderne. Beiträge zur aktuellen Diskussion. Hrsg.: Ch. Conrad u. M. Kessel. 372 S. UB 9318

Goertz, Hans-Jürgen: Unsichere Geschichte. Zur Theorie historischer Referentialität. 131 S. UB 17035

Jordan, Stefan: Einführung in das Geschichtsstudium. 173 S.
UB 17046

Kleine deutsche Geschichte. Von Ulf Dirlmeier [u. a.].
480 S. UB 9359

Kleine Geschichte Englands. Von Michael Maurer. 526 S.
UB 9616

Kleine Geschichte Frankreichs. Von Heinz-Gerhard Haupt
[u. a.]. Hrsg.: E. Hinrichs. 472 S. UB 9333

Kleine Geschichte Irlands. Von Michael Maurer. 344 S.
UB 9695

Kleine Geschichte Rußlands. Von Hans-Heinrich Nolte.
536 S. UB 9696

Kleinschmidt, Harald: Geschichte der internationalen
Beziehungen. Ein systemgeschichtlicher Abriß. 495 S.
UB 17013

König, Ingemar: Der römische Staat.
– Teil 1: Die Republik. 262 S. UB 8834
– Teil 2: Die Kaiserzeit. 550 S. UB 9615

Kultur & Geschichte. Neue Einblicke in eine alte Beziehung. Hrsg.: Ch. Conrad u. M. Kessel. 392 S. UB 9638

Kuhn, Axel: Die Französische Revolution. 275 S. 15 Abb.
UB 17017

Lehnert, Detlef: Die Weimarer Republik. Parteienstaat und
Massengesellschaft. 399 S. 10 Abb. UB 17018

Lexikon Geschichtswissenschaft. Hundert Grundbegriffe.
Hrsg.: S. Jordan. 370 S. 1 Abb. UB 503

Literatur im Dritten Reich. Texte und Dokumente. Hrsg.:
S. Graeb-Könneker. 416 S. 38 Abb. UB 18148

Nipperdey, Thomas: Wie das Bürgertum die Moderne fand.
76 S. UB 17014

Padberg, Lutz E. von: Die Christianisierung Europas im Mittelalter. 307 S. 19 Abb. 8 Kt. UB 17015

Die Peinliche Gerichtsordnung Kaiser Karls V. und des Heiligen Römischen Reichs von 1532 (Carolina). Hrsg. und erl.: F.-Ch. Schroeder. 215 S. UB 18064

Pufendorf, Samuel: Die Verfassung des deutschen Reiches. Übers. u. Hrsg.: H. Denzer. 224 S. UB 966

Quellen zur Geschichte der Frauen.
– Bd. 1: Antike. Hrsg.: B. Patzek. 344 S. 18 Abb. UB 17022
– Bd. 3: Neuzeit. Hrsg.: A. Conrad u. K. Michalik. 458 S. 19 Abb. UB 17024

Die Revolution von 1848/49. Eine Dokumentation. Hrsg.: W. Grab. 279 S. UB 9699

Sachsenspiegel. Landrecht und Lehnrecht. Hrsg.: F. Ebel. 267 S. UB 3355

Schulze, Hagen: Gibt es überhaupt eine deutsche Geschichte? 77 S. 11 Abb. UB 17016

Speitkamp, Winfried: Deutsche Kolonialgeschichte. 208 S. 7 Abb. UB 17047

Stollberg-Rilinger, Barbara: Europa im Jahrhundert der Aufklärung. 408 S. UB 17025

Tocqueville, Alexis de: Über die Demokratie in Amerika. Ausw. u. hrsg.: J. P. Mayer. 391 S. UB 8077

Die Verfassung des Deutschen Reichs vom 11. August 1919. Hrsg.: H. Mosler. 80 S. UB 6051

Philipp Reclam jun. Stuttgart

Deutsche Geschichte in Quellen und Darstellung

Eine neue, elfbändige Reihe mit den wichtigsten Quellentexten der deutschen Geschichte. Jedes Dokument wird einzeln erläutert und in den historischen Kontext eingeordnet. Auf der Basis des authentischen Materials der Zeit entsteht so eine fortlaufend lesbare Einführung in die jeweilige Epoche.

Bd. 1: Frühes und hohes Mittelalter. 750–1250.
Hrsg. von W. Hartmann. 472 S. UB 17001

Bd. 2: Spätmittelalter. 1250–1495.
Hrsg. von J.-M. Moeglin u. R. A. Müller. 503 S. UB 17002

Bd. 3: Reformationszeit. 1495–1555.
Hrsg. von U. Köpf. 503 S. UB 17003

Bd. 4: Gegenreformation und Dreißigjähriger Krieg. 1555–1648.
Hrsg. von B. Roeck. 437 S. UB 17004

Bd. 5: Zeitalter des Absolutismus. 1648–1789.
Hrsg. von H. Neuhaus. 488 S. UB 17005

Bd. 6: Von der Französischen Revolution bis zum Wiener Kongreß. 1789–1815.
Hrsg. von W. Demel u. U. Puschner. 427 S. UB 17006

Bd. 7: Vom Deutschen Bund zum Kaiserreich. 1815–1871.
Hrsg. von W. Hardtwig u. H. Hinze. 488 S. UB 17007

Bd. 8: Kaiserreich und Erster Weltkrieg. 1871–1918.
Hrsg. von R. v. Bruch. 511 S. UB 17008

Bd. 9: Weimarer Republik und Drittes Reich. 1918–1945.
Hrsg. von H. Hürten. 464 S. UB 17009

Bd. 10: Besatzungszeit, Bundesrepublik und DDR. 1945–1969.
Hrsg. von M. Niehuss. 478 S. UB 17010

Bd. 11: Bundesrepublik und DDR. 1969–1990.
Hrsg. von D. Grosser, St. Bierling u. B. Neuss. 422 S. UB 17011

Philipp Reclam jun. Stuttgart

MÜNSTERSCHWARZACHER KLEINSCHRIFTEN

herausgegeben
von Mönchen der Abtei Münsterschwarzach

Band 41

Johanna Domek OSB

Gott führt uns hinaus ins Weite

Texte zur Ermutigung

VIER-TÜRME-VERLAG MÜNSTERSCHWARZACH
1987